CESAR MARTINEZ

W0096802

Kein Auge hat gesehen, kein Ohr hat gehört...

Wohin geht es nach dem Tode?

Pantaleonsschriften

CHRISTIANA-VERLAG
im Fe-Medienverlag · 88353 Kisslegg

Über den Autor:

Monsignore Dr. Cesar Martinez, geboren am 25.12.1936, wuchs im spanischen Galicien auf. Nach dem Abitur 1953 nahm er in Santiago de Compostela das Jurastudium auf, das er 1958 in Barcelona mit dem Titel des Lizenziats abschloss.

1958-1962 Aufenthalt in Rom, Promotion an der päpstlichen Universität des Hl. Thomas von Aquin in Kirchenrecht. 1962 Priesterweihe in Madrid. 1964 kam er nach Deutschland und arbeitete als Seelsorger in Einrichtungen des Opus Dei in Köln. 1976 übersiedelte er nach Münster in Westfalen, wo er apostolische Initiativen von Mitgliedern des Opus Dei priesterlich betreute und die Anfänge des Opus Dei im Norden der Republik mit Schwerpunkt in Hamburg begleitete.

1985-1987 war er Vizeoffizial, 1987-1995 Offizial des Bistums Osnabrück. 1992 wurde er zum päpstlichen Ehrenkaplan mit dem Titel Monsignore ernannt.

1998 kam er nach Köln zurück, von wo aus er u.a. Besinnungs- und Einkehrtage sowie Fortbildungsveranstaltungen betreut.

Am 22.1.2008 ernannte ihn Joachim Kardinal Meisner zum Subsidiar an der Pfarrkirche St. Pantaleon in Köln, wo er seit dem als Seelsorger arbeitet.

1. Auflage 2020

© Christiana-Verlag im Fe-Medienverlag,
Hauptstr. 22, D-88353 Kisslegg • *www.fe-medien.de*

Druck: orth-druk (Polen) – Printed in EU

ISBN 978-3-7171-1328-7

Inhaltsverzeichnis

Vorwort *von Weihbischof Dominikus Schwaderlapp* 7

1. Warum sterben? 9

2. Der Tod des Menschen von Gott her gesehen 23

3. Ist der Tod eine Strafe? 31

4. Auf dem Weg in eine neue Unsterblichkeit 35

5. Die Entmachtung des Todes durch Jesus Christus.... 41

6. Was geschieht nach dem Tod? 47

7. Über die Vergebung der Sünden............................... 65

8. Entscheidung für die Ewigkeit 81

9. Wie leben die Heiligen im Himmel
   bis zum Jüngsten Tag? 97

10. Der Jüngste Tag... 105

11. Die Wiederherstellung der Schöpfungsordnung 111

12. Die Auferstehung der Toten 117

13. Wie wird man auf der neuen Erde leben? 125

Vorwort

„*Glauben Sie an ein Weiterleben nach dem Tod?*" Gerade Jugendliche stellen mir diese Frage immer wieder. Ich war darüber zunächst überrascht. Beschäftigen sich denn Jugendliche mit dem Tod? Offensichtlich ja! Es ist ja auch eine ganz existenzielle Frage. Schon jede irdische Reise wird von ihrem Ziel her bestimmt. Wie muss ich mich vorbereiten? Was gehört in den Koffer und was nicht? Freue ich mich auf diese Reise, oder habe ich gar Angst davor? Ganz klar also: Wenn es um das Ziel des Lebens geht, sind wir alle gefragt, selbst wenn es uns manchmal gelingt, diese Frage zu verdrängen.

Zu kaum einer anderen existenziellen Frage haben wir als gläubige Christen so viel zu sagen wie zu der Frage „Wohin geht es nach dem Tod?" Denn der Gottessohn ist in die Welt gekommen, um uns zu erlösen. Und das bedeutet konkret, Sünde in Liebe, und Tod in Leben zu verwandeln. Die Lehre von Himmel, Hölle, Fegefeuer, den sogenannten „Letzten Dingen", ist daher Botschaft für alle Menschen und jeden Einzelnen – also auch für Sie und mich.

Ich freue mich sehr über die vorliegenden Gedanken von Cesar Martinez. Schon in seinem ersten Band „Verborgene Schätze des Glaubens" vermochte er in lebendiger Sprache einfach, zu Herzen gehend und tiefschürfend zugleich den interessierten Leserinnen und Lesern einen Zugang zu manchen Geheimnissen unseres Glaubens zu öffnen. Das vorliegende Werk will uns auf gleiche Weise sozusagen an die Hand nehmen und zu jenem Geheimnis führen, das wie kein anderes unser Leben bestimmt.

Die Botschaft unseres Glaubens an uns: Wir sind zu einem Ziel unterwegs, das so schön ist, dass menschliche Worte es nicht fassen können. Aber um dieses Ziel zu erreichen, sind unsere Verantwortung und unser Einsatz gefragt. Ich wünsche und hoffe, dass die Beiträge von Cesar Martinez allen, die sie lesen, helfen, ihre Herzen für diese wunderbare Botschaft von Heil und Erlösung zu öffnen.

Köln, 15. August 2020
am Hochfest der Aufnahme Mariens in den Himmel

+ Dominikus Schwaderlapp
Weihbischof in Köln

Kapitel I.

Warum sterben?

„Hast du an einem trüben Nachmittag im Herbst die Blätter fallen sehen? So fallen jeden Tag die Seelen in die Ewigkeit. Eines Tages bist du das fallende Blatt."[1]

So unangenehm es sich auch anhören mag, es ist nun einmal so, dass jeder Mensch ohne Ausnahme eines Tages das Zeitliche segnen muss. Reiche wie Arme, Intellektuelle wie kaum gebildete Menschen, Junge wie Alte, Männer wie Frauen – alle müssen sterben. Irgendwann ist ein jeder dran.

Da fragt man sich: Muss es so sein? Warum? Wir sind wissbegierig und möchten gerne diese Fragen so gründlich wie möglich beantwortet bekommen. Es sind ja keine abstrakten Fragen, über die nur Naturwissenschaftler, Philosophen und Theologen nachdenken können, sondern sie berühren das Wesen des Menschen und gehen deshalb einen jeden von uns höchstpersönlich an. Nichts außer der Geburt geht uns so nah an wie der Tod. Es ist sogar gesagt worden, dass, wer wissen will, was der Mensch eigentlich ist, unbedingt wissen müsste, warum er sterben muss. Eine Einschätzung im Übrigen, an der, wie ich finde, mehr als nur etwas Wahres dran ist. Denn ist der eigentliche Grund einmal erkannt, warum der Mensch grundsätzlich sterben muss, so wird es in der Rückschau umso leichter, sichere Erkenntnisse über das Wesen, über die Identität wie auch über den Sinn seiner begrenzten Lebens-

---

1 Josefmaria Escrivá, Der Weg, Nr. 736

dauer zu gewinnen. Vor diesem Hintergrund erscheint unsere Fragestellung „Warum sterben?" bedeutsam und darum behandlungswürdig, wenn nicht sogar behandlungsnotwendig. Es lohnt sich also, sich mit dieser wichtigen Frage eingehend zu befassen: Warum sterben?

Beim ersten Nachdenken stößt man unvermittelt auf manche Argumente, die dagegen zu sprechen scheinen, dass der Mensch unbedingt sterben müsse. Wieso sterben, wenn es im Leben eines jeden so vieles gibt, das von seinem Ursprung her auf Ewigkeit ausgerichtet ist? Es ist zudem eine Erfahrungstatsache, dass jeder Mensch im Augenblick seines physischen Todes klar unter seinen Möglichkeiten geblieben ist, und zwar nicht unbedingt aus Faulheit, sondern schlicht und einfach, weil das, was bei ihm möglich gewesen wäre, in seiner Lebenszeit nicht zu schaffen war. Kurz: Kein Mensch ist beim Sterben gänzlich verwirklicht, vieles hinterlässt er unerledigt. Keiner ist Zeit seines Lebens zu der Fülle gelangt, die ihm von der Natur her offensichtlich zugewiesen worden war.

Und viele seiner tiefsten Sehnsüchte, die ja den Kern der Person berühren, bleiben zum Zeitpunkt des Todes ungesättigt. Und doch verlangt der Mensch sehnsüchtig nach Vollendung, nach Freiheit, nach schrankenloser Liebe, nach Mehr, nach Tiefe. Der Tod scheint den Menschen an seiner vollen Entwicklung zu hindern. Der Mensch stirbt immer auf den Weg zum Ziel. Dieses erreicht er zu Lebzeiten nie. Vor diesem Hintergrund gewinnt man den Eindruck, der Tod wirke in der menschlichen Natur wie ein Störfaktor, wie ein Spielverderber, denn er verhindert die vollständige Entfaltung des Menschen. Es fehlt nicht an Stimmen, die meinen, der Tod sei eigentlich ein Fremdkörper im Menschen. Ist es so?

Aber kehren wir zu unserer Anfangsfrage zurück: Warum sterben? Es ist klar, dass sich diese Frage, wenn man sie gründlich behandeln will, nur derjenige stellen kann, für den der Mensch mehr ist als nur Materie.

Denn wäre der Mensch bloß reine Materie und der Geist des Menschen nur eine weitere Entwicklungsstufe der sogenannten tierischen Intelligenz[2], dann wäre es selbstverständlich, dass er sterben muss, denn die Materie ist ja grundsätzlich sterblich und die tierische Intelligenz wäre letztlich nur eine der Materie anhaftende Qualität und ginge beim Tod des Subjekts wie die Materie zugrunde.

Wer sich aber dessen bewusst ist, dass die Beschaffenheit des Menschen eine hohe geistige Struktur aufweist und dass der Geist im Menschen eine eigene, von der Materie unterschiedliche Qualität besitzt, der stellt sich die Frage nach der Sterblichkeit des Menschen nicht von der Seite der Materie her, sondern von der des Geistes! Wer das so tut, macht gleich zu Beginn seiner Untersuchung einen ganz wichtigen Fund, auf den wir oben bereits hingewiesen haben: Er stellt nämlich fest, dass der Geist des Menschen eindeutige Spuren eines tiefen Verlangens nach Unendlichkeit in sich trägt, so dass er den Eindruck gewinnt, der Tod des Menschen passe irgendwie nicht in die Landschaft eines nach Ewigkeit rufenden Geistes und ließe sich deswegen nicht leicht erklären. So gesehen wirkt der Tod des Menschen im Grunde wie ein ungelöstes Rätsel. Man muss ihn zwar akzeptieren, jedoch bekommt man den

---

2 Viele Tiere sind intelligenter, als man auf den ersten Blick vermuten würde: Sie lösen Denkaufgaben, täuschen, betrügen und benutzen Werkzeuge. Und längst weiß man, dass sich nicht nur Menschenaffen und Delfine klug verhalten; auch bei Vögeln, Tintenfischen und Insekten konnten Wissenschaftler Anzeichen von „Intelligenz" entdecken. Doch wie viel von den schlauen Handlungen ist tatsächlich Intelligenz und wie viel ist tierischer Instinkt? Michael Ringelsiep, Inteligenz bei Tieren, www. planet-wissen.de, S. 1

Eindruck, als wäre der Entwicklungsprozess des menschlichen Seins auf halber Strecke stehen geblieben. Es ist so, als ob Fundamente für ein mehrstöckiges Gebäude gelegt und gleich nach dem Bau des Parterres damit Schluss gemacht wurde.[3] Das ist nicht leicht zu verstehen. Hier muss etwas passiert sein, das den Baustopp erklären kann!

Es kann nicht sein, dass der Mensch geistige Lebenselemente in sich trägt, die nach Endlosigkeit verlangen, wenn er sie niemals wird ganz verwirklichen können. Es muss also bei der ontologischen Entfaltung des Menschen[4] etwas passiert sein, dass ihn zurückgeworfen hat. Denn – man kann das drehen und wenden wie man möchte – eines ist klar, der Mensch stirbt immer unerfüllt. Strebt er doch von seinen existenziellen Wurzeln her nach Vollendung.

Diese Überlegungen lassen unsere Anfangsfrage: „*Warum sterben?*" umso interessanter, ja umso wichtiger erscheinen. Also noch einmal: Warum soll der Mensch aufhören zu sein, warum soll er sterben, wenn er bei seinem Ableben noch so viel Unerledigtes auf seiner Agenda hat? Warum sterben mit ungesättigten Sehnsüchten? Würde der Mensch nicht zu sterben brauchen, würde er doch zu der ihm von seiner Natur her offensichtlich angedachten Größe gelangen, würde er seine Sehnsüchte sättigen können. Er kann das aber nicht, weil der Tod dazwischenkommt. Der Tod kommt also immer ungelegen, er stört nur. Wäre es dann nicht besser und auf alle Fälle dem von seinem Ursprung her auf Ewigkeit ausgerichteten menschlichen Geist gerechter, wenn der Mensch nicht zu sterben bräuchte?

---

3 Vielleicht dachte Jesus daran, als er im Lukasevangelium von dem sprach, der einen Turm bauen wollte, das Fundament dafür gelegt hat, dann aber den Bau nicht fertig stellen konnte: Vgl. Lk 14,28-29

4 Ontologisch bedeutet: „Dem Sein nach".

Kein Geringerer als der emeritierte Papst Benedikt XVI. scheint diese Einschätzung zu teilen. Er schrieb einmal: *„Der Tod gehört nicht prinzipiell und unwiderruflich zur Struktur des Geschaffenen."*[5] Das ist zweifellos ein gewichtiger Satz und spricht uns allen höchstwahrscheinlich aus dem Herzen. Das Unvollendetsein des Menschen in der Stunde seines Todes wie auch das Ungesättigtsein seiner tiefsten Sehnsüchte stellen unter Beweis, dass der Tod den Menschen im Grunde einen Strich durch die Rechnung macht.

Aber nicht nur das. Einschlägige Erfahrungen rund um den Tod scheinen die Einschätzung zu unterstützen, dass die Unbedingtheit des Todes schwer nachvollziehbar ist. *„Sterben müssen"* ist ja in der Tat nicht schön. Den Tod erfährt der Mensch als einen Niedergang, als einen absoluten Abbruch, als etwas, gegen das er letztlich nichts tun kann. All das Wissen und Können, das er im Laufe seines Lebens angesammelt hat, können dem Menschen gar nicht helfen, sich aus der tief empfundenen erbärmlichen Lage des Sterbens zu befreien. Der Tod ist die absolute Demütigung des Menschen, das Eingeständnis, nicht alles zu können. Der Mensch muss den Tod über sich ergehen lassen. Da hilft nichts. Also doch ein Feind des Menschen?

Ein weiterer Umstand, der den Tod als etwas zutiefst Unerfreuliches hinstellt, ist erfahrungsgemäß der Vorgang des Todes selber. Krankheit, geistiger Verfall und progressiver Verschleiß des Körpers sind quasi seine Vorboten. Warum muss es so sein? Warum Schmerz, Ängste, Verlangsamung des Denkens, Gebrechlichkeit und dergleichen mehr ertragen?

---

5 Joseph Ratzinger, Der Gott Jesu Christi, Betrachtungen über den Dreieinen Gott, Kösel 2006, S. 165

Es gibt offenbar Gründe, die den unbedingten Tod des Menschen schwer verständlich machen. Zwar können all diese Gründe nichts an der faktischen Unbedingtheit des sicheren Todes ändern, doch sie lassen ahnen, dass es theoretisch nicht unbegründet wäre, wenn der Mensch nicht zu sterben brauchte. Der soeben zitierte Satz von Joseph Ratzinger – *„Der Tod gehört nicht prinzipiell und unwiderruflich zur Struktur des Geschaffenen"*[6] – enthält zweifellos eine seriöse Diskussionsgrundlage auf dem Weg zu einer möglichen Klärung, warum der Mensch trotz der in seiner Beschaffenheit verankerten endlosigkeitsfordernden Elemente unbedingt sterben muss. Warum muss man sterben, wenn der Tod scheinbar nicht zum Menschen passt? Warum muss man von so vielen wertvollen Dingen, von so vielen teuren Menschen Abschied nehmen? Warum? Das Leben ist doch schön! Besonders, wenn Gesundheit und Wohlstand es zieren, was erfahrungsgemäß nicht selten der Fall ist. Lebenslust, Lebenserfüllung, Verlangen nach Glück, Sinnfindung und dergleichen mehr – all das sind Urgefühle des Menschen, die nach Erfüllung rufen. Sie sitzen offenkundig im tiefsten Kern unserer Person und machen sich oft deutlich bemerkbar. Sie verlangen nach Sättigung und werden so zu Sehnsüchten, die auf Erden erfahrungsgemäß weder gänzlich noch auf Dauer gestillt werden, weil der Tod eben dazwischenkommt. Das ist so frappierend, dass man sich fragen muss: Warum können diese Sehnsüchte nicht ganz gesättigt werden? Was ist mit uns Menschen los, dass wir es nicht schaffen, unsere Urbedürfnisse ganz zu befriedigen? Und – wenn sie nicht gestillt werden können, warum haben wir sie überhaupt?

---

6 vgl. ebd.

Als ich mir diese Frage stellte, warum der Mensch sterben muss, wenn es doch gewichtige Anhaltspunkte dafür gibt, dass der Tod tatsächlich ein Hinderungsfaktor für die vollendete Verwirklichung des Menschen auf Erden ist und dass ein endloses Leben zu der Struktur des Menschen gerade richtig zu passen scheint, kam mir ein persönliches Erlebnis bei einer Ferienzeit in Bayern in den Sinn, das, wie ich meine, die gegenwärtige unbefriedigende Situation des sterblichen Menschen in etwa aufklären könnte:

Ich ging von Ettal nach Oberammergau spazieren. Der Weg verlief teilweise einem Fluss entlang, der allerdings praktisch vertrocknet war, nur gelegentlich war etwas Wasser zu sehen, das aus dem Geröll hervorquoll. Das Geröll war übrigens sehr schön, es war von rundförmigen, weißen, nicht allzu großen Steinen gebildet; sie wirkten jedoch traurig, als fühlten sie sich allein gelassen und würden unter Einsamkeit leiden. Sie sehnten sich nach Wasser. Das Wasser kam aber nicht. Warum kam es nicht, wenn alles dafür vorgesehen war? Das Flussbett, das Geröll, die Gebietsstruktur überhaupt – all das zeigte eindeutig: Hier war einmal Wasser geflossen und dass es jetzt nicht mehr fließt, entspricht nicht der ursprünglichen Struktur des Landstriches.

Hier war etwas passiert. Dem Flussbett, dem schönen Geröll, ja der Gebietsstruktur war offenbar etwas genommen worden, das eigentlich dazu gehörte, nämlich das fließende Wasser, und dass der gut gefüllte Fluss die Landschaft fruchtbar machte. Stattdessen befand sich das Flussbett in einem heruntergekommenen Zustand, das Drumherum war trocken, die Flora spärlich. Würde das Flussbett sprechen können, würde es bestimmt sagen, ihm sei unter den gegebenen Umständen ungemütlich, es fühle sich unwohl. Es sehne sich nach dem Wasser wie auch nach dem schönen

Geräusch, das dessen gleichmäßiges Fließen durch die Landschaft hinterlässt.

Und so ungefähr scheint es mir mit dem Menschen und seinen ungesättigten Sehnsüchten zu sein. Das innere Unwohlsein, das sich für ihn daraus ergibt, dass er es nicht zu jener Vollendung schafft, zu der er sich eigentlich berufen fühlt, scheint aufzuzeigen, dass es eine Zeit gegeben haben muss, in der der Mensch keine Sehnsucht zu haben brauchte, weil er in einem Zustand der vollkommenen Sättigung und Fülle lebte, wie auch, dass der Zustand der Fülle der eigentliche Zustand des Menschen ist. Jetzt fehlen sie ihm, die Fülle, bzw. die gestillten Bedürfnisse, und darum fühlt er sich unwohl, unfertig und kann nicht zu seinem Gleichgewicht finden: Er vermisst jene Vollendung, zu der er offenbar erschaffen wurde. Das wasserarme Flussbett, von dem wir oben gesprochen haben, ist, wie ich finde, ein passendes Bild für die Beschaffenheit des gegenwärtigen Menschen. Wenn das Flussbett sich über seine Empfindungen äußern könnte, würde es uns sagen, wie oben soeben angemerkt, es fühle sich gar nicht wohl, es sei ihm wirklich ungemütlich, zu seiner Zufriedenheit würde es erst kommen können, wenn es reichlich Wasser in seinem Schoße trüge, das fröhlich und fruchtbringend durch die Landschaft fließen würde. Ihm könne es nur dann richtig gut gehen, wenn es zu dem fände, wozu es eigentlich ursprünglich bestimmt wurde, und das war: die Landschaft fruchtbar zu machen, sie mit einer schön aussehenden Flora zu verschönern und selber die erfüllende Freude zu genießen, nützlich zu sein.

Und mit dem Menschen ist es im Grunde nicht viel anders. Als Sterblicher fühlt er sich nicht wohl in seiner Haut. Der Tod kommt ihm quer. Und darum ist es durchaus verständlich und völlig in Ordnung, dass er sich gegen den Tod auflehnt. In der grundsätzlichen Abneigung gegen den Tod, die jedem von uns tief in den Knochen sitzt, schimmert der Keim der Ewigkeit durch, den wir alle in uns tragen, bemerkt das Zweite Vatikanische Konzil.[7]

Ein Keim von Ewigkeit! Eine sehr treffende Formulierung! Der Mensch trägt in sich einen Keim von Ewigkeit. Ein Keim von Ewigkeit? Woher kommt das denn? Hat der sterbliche Mensch irgendwann irgendwie Kontakt mit der Ewigkeit gehabt? Ja! Das hat er gehabt, sonst trüge er nicht einen Hauch davon in sich. Dieser Hauch ist so etwas wie das Geröll im Flussbett unseres Beispiels, er ist sozusagen ein Überbleibsel glücklicherer Zeiten, als der Mensch vor der Erbsünde in einem realen Ähnlichkeitsverhältnis mit Gott lebte und sein Menschsein in vollen Zügen verwirklichen konnte, ohne Angst auf Beendigung seines glücklichen Zustandes, denn er war vom Schöpfergott ja als unsterbliches Wesen erschaffen, und das wusste er. Jetzt können wir ahnen, wenn nicht sogar verstehen, warum die Struktur des menschlichen Geistes, wie wir sie heute in uns erfahren und wahrnehmen, auf Ewigkeit ausgerichtet ist. Das ist so, weil der Mensch am Anfang tatsächlich in der Welt des ewigen Gottes gelebt hat. Als gottähnliches Geschöpf wurde er erschaffen und darum als unsterbliches Wesen ins Leben gerufen. Das Sein des Menschen war logischerweise auf Endlosigkeit ausgerichtet. Kein Wunder, dass der Mensch auch heute trotz des Sündenfalls diesen Hauch von Ewigkeit in sich trägt. So unvorstellbar uns dies auch heute erscheinen mag, so ist es aber tatsächlich gewesen: Gott erschuf den Menschen als ein unsterbliches Wesen! Zwar ging seine Unsterblichkeit später verloren, wie das Flussbett das reichliche Wasser auch verlor, doch es sind in ihm unverkennbare Spuren seines früheren Zustandes zu-

---

7 II. Vatikanisches Konzil, Gaudium et spes, Nr. 18

rückgeblieben, so wie auch das Geröll und das hier und dort in kleinen Mengen vorhandene Wasser im Flussbett von einer herrlichen Vergangenheit der Gegend zeugen.

Vor diesem Hintergrund kann man jetzt besser verstehen, warum der Mensch diese Gefühle und Sehnsüchte nach Vollendung, nach Mehr, nach Dauerhaftigkeit, wie auch nach Tiefe und Grenzenlosigkeit, ja, nach Endlosigkeit in sich trägt. Es hat eine Zeit gegeben, in der er sich voll Zuversicht entfalten und seine Sehnsüchte voll befriedigen konnte. Dass der Mensch es heute nicht schafft, die Vollendung zu erreichen, nach der er im Grunde verlangt und wozu er – entsprechend der Beschaffenheit seiner inneren Struktur –, an sich befähigt zu sein scheint, bestätigt, wie ich finde, den Glauben der Kirche, dass der Mensch einst tatsächlich in einem glücklicheren Zustand gelebt hat, in dem er problemlos zu seiner Vollendung fand. Denn er war ja – so unser Glaube – in einem an Größe, Erhabenheit und Erfüllung unmöglich überbietbaren Zustand erschaffen worden. Er wurde – sage und schreibe! – als ein gottähnliches Wesen erschaffen: *„Lasst uns Menschen machen als unser Abbild, uns ähnlich"*[8], so sprach der Schöpfergott bei der Erschaffung des Menschen. Und gerade deswegen, weil der Mensch gottähnlich war, lebte er nach seiner Erschaffung – ähnlich wie Gott – in einem absoluten Glückszustand. Er hatte keine Sehnsüchte, weil er alles besaß, was man braucht, um auf Dauer, d.h. immer, glücklich und erfüllt zu sein.

So war es und so blieb es, bis er eines Tages die ihm geschenkte Ähnlichkeit mit Gott eigenverantwortlich und voll bewusst über Bord warf. Da floss auf einmal kein Wasser mehr durch das Flussbett des menschlichen Lebens. Der Mensch war wie ausgetrocknet. Wie konnte das passieren?

_____

8 Gen 1,26

Wie kann man so etwas Dämliches tun, zumal der Verzicht auf die Ähnlichkeit mit Gott die sofortige Beendigung seiner Unsterblichkeit mit sich brachte?

Um diese Fragen zu beantworten, muss zunächst in Erfahrung gebracht werden, warum der Mensch, letztlich ein Geschöpf, im Gegensatz zu allen anderen Geschöpfen als unsterblich erschaffen wurde. Die Antwort ist eindeutig: weil Gott, der seit Ewigkeit einen eingeborenen Sohn hat – die Zweite Person der Dreifaltigkeit! –, nun *weitere Kinder* haben wollte, die er dann auch erschaffen hat. Und das sind die Menschen. Dass die Kinder des unsterblichen, ewigen Gottes auch unsterblich sein müssen, das ist das Logischste der Welt und das kann jeder nachvollziehen. Zwar handelt es sich in der Beziehung des Menschen zu Gott um eine andere Form der Kindschaft als die, in der Gott Vater zu seinem eingeborenen Sohn steht. Denn – während Gott Vater und Gott Sohn aus ein und derselben Substanz sind[9], sind Gott und Mensch nicht aus ein und derselben Substanz. Doch die Gotteskindschaft des Menschen ist kein Bild, sondern eine echte, wahre Kindschaft. Um die Beschaffenheit dieser Kindschaft zu erklären, bemüht die Theologie das Rechtsinstitut der Adoption. Die Zweite Person der Dreifaltigkeit ist der eingeborene Sohn Gottes, des Vaters, die Menschen sind jedoch seine *Adoptivkinder*. Möglicherweise gibt es tatsächlich keine bessere Erklärung dazu, deswegen sagen wir zu Recht, die Menschen seien Adoptivkinder Gottes, man muss dabei jedoch bedenken, dass die Kindschaftsbeziehung des Menschen zu Gott Vater viel tiefer reicht als die der menschlichen Adoption. Denn während

---

9 Symbolum „Quicumque": „Das ist der katholische Glaube: Wir verehren den Einen Gott in der Dreifaltigkeit und die Dreifaltigkeit in der Einheit … ohne Vermengung der Personen und ohne Trennung der Substanz": vgl. KKK, Nr. 192

bei der menschlichen Adoption keine genetische Komponente der Adoptiveltern auf die Adoptivkinder übergeht, erhielt hingegen der Mensch bei seiner Erschaffung Anteil an der Natur Gottes. Während die Adoptivkinder bei der menschlichen Adoption erst nach der Geburt – manchmal sogar lange nach der Geburt – in die neue Familie aufgenommen werden, haben die *„Adoptivkinder Gottes"* ihre Gotteskindschaft gleich bei ihrer Erschaffung erhalten. D.h. sie waren nicht zunächst bei einem anderen Haushalt und wurden erst später von Gott als Kinder angenommen. Bei der Erschaffung des Menschen war es nämlich nicht so, dass Gott zunächst das Geschöpf *„Mensch"* erschuf und es erst im Nachhinein zu seinem Kind machte. Nein. So ist es nicht gewesen. Der Mensch war von Anfang an Sohn Gottes, Kind Gottes. Und darum trug er vom Anfang seiner Existenz an eine *„genetisch-übernatürliche"* Komponente in sich, die ja eine Teilhabe an der Gottheit ist, d.h. eine Teilhabe an der Wesenheit Gottes. Diese Teilhabe an der Natur Gottes nennen wir in der Kirche die *„Gnade Gottes"*. Der Katechismus der katholischen Kirche sagt: *„Die Gnade ist eine ‚Teilhabe am Leben Gottes': Sie führt uns in das Innerste des dreifaltigen Lebens."*[10] Und darum sagte ich vorhin, dass das Rechtsinstitut der Adoption im Grunde nur schwach ausdrückt, was zwischen Gott und dem Menschen geschieht. Bei der göttlichen Adoption wird der Mensch der göttlichen Natur teilhaftig gemacht. Die göttliche Adoption gründet letztlich auf dieser Teilnahme an der göttlichen Natur. Die menschliche Adoption auf einem Erlass des Standesamtes.

Unsterblich hat Gott den Menschen erschaffen, weil er ihn als seinen Sohn, und zwar seinem eingeborenen Sohn ähnlich, gewollt hat. Ich wiederhole mich absichtlich: Der Grund für

---

10 KKK, Nr. 1997

die Unsterblichkeit des Menschen war einzig und allein seine Gotteskindschaft, seine innige Zugehörigkeit zur Gottheit, die keine bloß formelle, sondern eine echt substanzielle Zugehörigkeit war, wie soeben dargelegt.

Und so wäre es auf immer geblieben, wenn der Mensch nicht freiwillig und in vollem Bewusstsein auf seine Gotteskindschaft verzichtet hätte. Dieser Verzicht wird „*die Erbsünde*" genannt. Mit dem Verlust der Gotteskindschaft ging die Struktur des Menschseins, wie Gott sie sich vorgestellt hatte und bei der Erschaffung des Menschen auch verwirklichte, zu Bruch. Und so kam es, dass der Mensch in der Folge des Verlustes der Gotteskindschaft auch seine Unsterblichkeit verlor. Und so kam der Tod in die Welt.

Der Verlust der Gottebenbildlichkeit hat den Menschen tief bis in seine Wurzeln erschüttert. Nach der Sünde war nichts mehr so, wie es vorher war. Die Erbsünde hat die Beschaffenheit des Menschen verändert, und zwar so sehr, dass, wer ohne sie zu beachten Grundlegendes über den Menschen aussagen möchte, mit Sicherheit nicht ins Schwarze treffen wird. Denn es gibt nichts, was den Menschen so radikal verändert und ihm so geschadet hat, wie die Erbsünde.[11]

---

11 Der größte Schaden der Erbsünde am Menschen war zweifellos der Verlust des übernatürlichen Soseins, in dem er erschaffen worden war. Damit ging der Verlust der Gotteskindschaft einher. Und es wäre für immer so geblieben, wenn Gott uns nicht in seiner unermesslichen Barmherzigkeit erlöst hätte. Weil das Hauptstück der Erlösung des Menschen in der Wiederherstellung der Beschaffenheit besteht, in der er erschaffen wurde, kann der Mensch glücklicherweise wieder zu einem Kind Gottes werden, wenn er sich erlösen lässt. Erlösen lässt sich der Mensch in der Taufe. Und darum wird der Täufling auf der Stelle tatsächlich ein Kind Gottes „Allen, die ihn (Jesus) annahmen, gab Gott Macht, Kinder Gottes zu werden" (Joh 1,12). Erlöst wird der Täufling jedoch „in der Hoffnung" (vgl. Röm 8,24). Die endgültige Erlösung kommt noch, wenn er nach seiner Taufe

„Warum sterben?", haben wir uns am Anfang gefragt. Zweifellos eine diffizile Frage. Sie darf aber nicht unbeantwortet bleiben. Wer eine tiefer gehende Antwort als nur die rein biologische erhalten möchte, wer also in die Tiefe gehen will, um die Abgründe des Menschseins zu beleuchten, der kommt nicht umhin, über die Erbsünde nachzudenken, denn die Erbsünde war es, was den Tod auf die Welt brachte. Wenn es so ist, dann leuchtet ein, dass wer über den Tod des Menschen mehr wissen will als nur, dass jeder eben sterben muss, sich eingehend mit einer ganzen Reihe von Fragen im Zusammenhang mit der Erbsünde befassen muss. Etwa wie es möglich war, dass der Mensch trotz seiner Nähe zu Gott gesündigt hat? Kann eine Sünde so groß sein, dass sie den Tod des Menschen bewirkt? Was wäre passiert, wenn der Mensch nicht gesündigt hätte? Wo wäre die große Schar von Menschen, die im Laufe der Jahrtausende erschaffen werden sollten? Stehen die vielen leeren Himmelskörper im All damit in Zusammenhang? Wenn der Tod Folge der Erbsünde ist, so muss ein Nachdenken über den Tod zugleich ein Nachdenken über die Erbsünde sein.[12]

---

in Ausübung seiner Freiheit bei seiner Taufabsicht bleibt, erlöst werden zu wollen. So lange er auf Erden lebt, muss er sich also darum bemühen, sich immer wieder neu im Klaren darüber zu werden, dass er tatsächlich ein Kind Gottes ist, und versuchen, dementsprechend zu leben. Die endgütige Erlösung wird dem Menschen erst zuteil, wenn er im Augenblick seines Todes bei seiner Taufabsicht geblieben ist.

12 Über die Tragweite der Erbsünde für das Verständnis des Menschen wie auch der Welt, in der sich unser Leben abspielt, habe ich an einer anderen Stelle eingehend und detailliert geschrieben. Ich verweise jetzt ausdrücklich auf die dort dargelegten Ausführungen: Cesar Martinez, Verborgene Schätze des Glaubens, Christiana-Verlag im Fe-Verlag, Kisslegg 2019, S. 23ff

Kapitel II.

Der Tod des Menschen von Gott her gesehen

Wenn Gott den Menschen als unsterbliches Wesen erschaffen hat, warum und wieso muss er sterben? Ist die Gottesebenbildlichkeit, die ja der Grund für die Unsterblichkeit des Menschen ist, nicht ein konstitutiver Bestandteil des Menschen? Sind die Beschlüsse Gottes etwa revidierbar? Heute so, morgen anders? War bei der Schöpfung die Beschaffenheit des Menschen etwa nicht wirklich endgültig festgelegt worden? Wieso wurde es auf einmal anders? Hat Gott etwa im Zorn über die Sünde der Stammeltern dem Menschen die Gabe der Unsterblichkeit einfach weggenommen? Lässt sich dies überhaupt machen? Kann eine Handlung des Menschen, in unserem Fall die Erbsünde, den Plan des Schöpfers vereiteln? Das alles sind wichtige Fragen, die wir nicht unbeantwortet lassen wollen, ja, nicht unbeantwortet lassen dürfen.

Zur Behandlung dieser Sachverhalte und zur Beantwortung dieser Fragen hilft uns unser emeritierter Papst Benedikt XVI. weiter auf die Sprünge, der einmal sagte, die Macht Gottes sei so groß, dass er sich sogar von den freien Entscheidungen des Menschen die Hände binden lassen kann. Damit hat er den Begriff der Freiheit in die Mitte unserer Überlegungen gebracht. Und somit beginnt es in unserem Inneren zu dämmern, dass der Tod des Menschen auch auf eine schaurige, doch in Freiheit getroffene Entscheidung des Menschen selbst zurückgehen könnte, auf eine Art Selbstmord der menschlichen Gattung. Ist es möglich? Kann das sein? Eines ist jedenfalls klar: Die Einbeziehung der Freiheit des Menschen in unsere Überlegungen kann helfen, eine grundlegende Frage zu beantworten, nämlich: Wie konnte der Mensch sich überhaupt dafür entscheiden, auf etwas so Großartiges wie die Gotteskindschaft zu verzichten, nachdem er eine Zeitlang im Paradies als Kind Gottes gelebt hat und dabei die Wonne des Lebens in vollen Zügen genießen durfte? Der Mensch konnte es, weil er frei war! Und er war frei, weil er Gott ähnlich war. Denn zur Ähnlichkeit mit Gott, in der der Schöpfer den Menschen erschaffen hatte, gehört ja wesentlich die Freiheit, sonst wäre der Mensch so etwas wie ein Roboter. Und das wollte Gott nicht. Gott wollte keine Roboter oder Sklaven, er wollte Kinder haben. Die Freiheit ist eine Eigenschaft Gottes und das gottähnliche Geschöpf, der Mensch, sollte deshalb bis in den Kern seiner Persönlichkeit hinein frei sein. Die Freiheit sollte das geistige Ambiente sein, in dem sich das Leben des Menschen abspielt. Sie sollte das gesamte Leben des Menschen umfangen; höchster Ausdruck der Freiheit ist, dass man über sich selbst entscheidet. Und so ist es nicht verwunderlich, dass der Mensch sogar über die Festlegung seiner Beschaffenheit, d.h. seiner eigenen Struktur, entscheiden durfte.

Der Mensch sollte frei über sich selbst und seine Zukunft entscheiden. Ihm war wohl bekannt, wie Gott sich das Wesen des Menschen vorstellte. Denn er hatte ja seit seiner Erschaffung entsprechend der Vorstellung Gottes gelebt. Wie war übrigens diese Vorstellung? Ich fasse sie hier kurz zusammen: Der Mensch sollte in einer sehr innigen Beziehung zu Gott stehen, er sollte an der Gottheit Anteil haben, zur Familie Gottes gehören, er sollte zudem Freude am Menschlichen haben, im Menschlichen und Irdischen sollte er die Güte

Gottes erkennen und so beim Erleben des Irdischen die Nähe des liebenden Gottes wie auch den Genuss des Schönen in der Schöpfung erfahren. Und das alles sollte auf Dauer sein, d.h. immer. Darum sollte der Mensch unsterblich sein. Diese Vorstellung, die zweifellos die beste für den Menschen ist, wollte Gott dem Menschen aus unermesslicher Liebe schenken – dafür hatte er ihn ja letztlich erschaffen! –, doch er wollte sie ihm nicht aufbürden. Denn dann wäre der Mensch nicht frei; wäre er aber nicht frei, würde er Gott nicht ähnlich sein, der die Freiheit schlechthin ist. Und darum hat Gott seine Vorstellung über den Menschen diesem als Angebot vorgetragen, in der Hoffnung, dass er sie sich in voller Freiheit zu eigen machen möchte. Dann hätte der Mensch mit Gott sozusagen an einem Strang gezogen: Die Ähnlichkeit mit Gott wäre kein Diktat gewesen, sondern ein in Freiheit gern und dankbar angenommenes Geschenk. Um den Menschen diesen Schritt zu erleichtern, ließ der Schöpfergott ihn eine Zeitlang in diesem glückseligen Zustand leben. So „hoffte" Gott, dass der Mensch von der positiven Erfahrung seines Lebens in dieser Zeit angeregt, der Vorstellung Gottes über ihn aus freien Stücken und in voller Dankbarkeit zustimmen würde. Wie Gott dem Menschen dieses Angebot konkret unterbreitet hat, entzieht sich unserer Kenntnis. Inhaltlich muss es aber ungefähr so gewesen sein, dass Gott ihn sinngemäß Folgendes gefragt, bzw. ihm zu verstehen gegeben hat: „*Willst du weiterhin so sein, wie du jetzt bist? Denk über das nach, was du bist: Du bist ‚nur ein wenig geringer als ich'.*[13] *Du bist der Herr der Schöpfung. Ich schenke dir Einsicht, Verstand und Wille, damit du, ähnlich wie ich, die Schöpfung genießt und dich in ihr von Freude erfüllen lässt. Nur eines wirst du nicht vermögen,*

---

13 Ps 8,6

nämlich Gott selber zu sein. Das ist allerdings keine Demütigung, kein Affront. Ich habe dich mir ähnlich gemacht, Größeres gibt es nicht. Größer als du bin ich allein. Du musst bedenken, dass Gott einzig ist, und darum muss es manches geben, das nur ich kann. Das musst du verinnerlichen und bejahen. Alles, was du jetzt bist und erlebst, will ich dir auf ewig schenken, denn du bist mein Sohn! Doch das sollst du selber wollen. Es muss deine freie Entscheidung sein. Sag mir, ob du damit einverstanden bist."

Von diesem weichenstellenden Augenblick am Anfang unserer Geschichte, in dem Gott den Menschen dazu aufforderte, seine Zukunft in die Hand zu nehmen, berichtet die Genesis in bildlicher Sprache, wenn sie davon erzählt, der Schöpfer habe dem Menschen gesagt, er übergebe ihm alles, was er erschaffen hat[14], doch eines dürfe er nicht: *„Vom Baum der Erkenntnis von Gut und Böse darfst du nicht essen, denn sobald du davon isst, wirst du sterben."*[15] *„Du wirst sterben"*! Zum ersten Mal in der Geschichte der Menschheit tritt hier das Wort *„Tod"* auf. Der Tod soll nur dann auftreten, wenn der Mensch den Plan ablehnt, den Gott für ihn aus unermesslicher Liebe vorbereitet hat. Nicht, dass Gott ihm eine Strafe androhte, es war vielmehr eine Warnung davor, dass er nicht aus der Struktur ausbrechen möge, in der er nun lebte. Denn – täte er das, dann wäre sozusagen *„der Zauber weg"*. Die Warnung des Schöpfergottes, dass der Mensch würde sterben müssen, wenn er aus dem Lebenskreis der Gottesähnlichkeit herausginge, zeigt eindeutig, dass Gott es dem Menschen tatsächlich überlassen hat, die Entscheidung über die eigene Verfasstheit zu treffen, zugleich aber auch, dass er sich sehr wünschte, dass der Mensch den Plan nicht ablehnte, den er

---

14 Vgl. Gen 1,29-30

15 Gen 2,17

26

für ihn vorbereitet hatte. Und das war auch der Grund, warum der Schöpfergott, wie oben bereits dargelegt, den Menschen zunächst eine Zeitlang in dem überaus hervorragenden Zustand eines Kindes Gottes leben ließ mit allen wunderbaren Konsequenzen, die dies mit sich brachte.

Wir wissen nicht, wie lange diese Zeit des grenzenlosen und familiären Vertrauensverhältnisses des Menschen mit Gott gedauert hat, es ist jedoch davon auszugehen, dass sie lange genug war, damit die Stammeltern gebührend feststellen konnten, dass das Leben in Freundschaft mit Gott eine Lebensqualität besitzt, die Leib und Seele ganz erfüllt und die deswegen um keinen Preis verloren gehen dürfte.

Da kam aber der Teufel in Szene und gaukelte dem Menschen vor, es sei nicht so, wie Gott ihm gesagt hatte, das sei gelogen. Die Wirklichkeit sei eine andere. Der Teufel – in der bildlichen Sprache der Genesis: die Schlange – sagte unseren Stammeltern in aller Frechheit, Gott habe sie angelogen, weil er darauf bedacht sei, dass der Mensch ihn nicht überfliege, er wolle seine Herrscherposition behalten: *„Nein, ihr werdet nicht sterben"*, sagte die Schlange, *„Gott weiß vielmehr: Sobald ihr davon esst, gehen euch die Augen auf: Ihr werdet wie Gott und erkennt Gut und Böse."*[16]

Damit säte der Teufel im Menschen Misstrauen gegen Gott. Nun stand der Mensch da und musste entscheiden. Es war die Stunde der Freiheit. Wem folge ich? Nehme ich – für mich und für meine Nachfahren – den Plan an, den Gott mir seit meiner Erschaffung gegeben hat? Oder hat die Schlange doch vielleicht Recht? Es geht mir zwar gut, aber – vielleicht wird es mir noch besser gehen, wenn ich Gott, wie mir die Schlange vorschlägt, misstraue. Unseren Stammeltern wurde klar, hier

---

16 Gen 3,4-5

geht es nicht um eine Bagatelle, es geht um die Festlegung des Wesens des Menschseins überhaupt. Denn der Mensch war zu jenem Zeitpunkt als ein Gott ähnliches Wesen doch hochintelligent. *„So wie ich jetzt entscheide, so wird es bleiben, auch für meine Nachfahren"*, das war Adam und Eva sonnenklar. Es würde so sein und bleiben, wie der Mensch selber bestimmte. Denn er war frei; er war frei, weil er Gott ähnlich war.

Es ist wirklich unbegreiflich, dass der Mensch das Angebot Gottes ablehnte, bzw. dass er Misstrauen zu Gott in sich hineinließ, nachdem er die Erfahrung des Glücks in der Zeit seit seiner Erschaffung gemacht hatte. Es ist aber so gewesen! Und weil der Mensch dem Teufel Gehör schenkte und Gott misstraute, schlug er den Hinweis des Schöpfers in den Wind, dass er nämlich sterben würde, wenn er vom Baum des Lebens äße, d.h. wenn er den Plan Gottes für sich nicht annehmen würde.[17] Und erst als dies leider geschah, kam der Tod in die Welt. Die Heilige Schrift bestätigt es und bezeugt, dass der Tod erst durch die Sünde der Stammeltern Einzug in die Welt genommen hat, d.h. erst nachdem der Mensch das Angebot Gottes, ihm ähnlich zu sein, ablehnte. Der hl. Paulus sagt wörtlich: *„Der Lohn der Sünde ist der Tod"*[18], und an einer anderen Stelle sagt er noch: *„Durch einen Menschen (Adam) ist der Tod gekommen."*[19]

Und so kam es, dass aus der Pracht und Vollkommenheit des Menschen der Schöpfung eine erbärmliche Karikatur wurde, an der Gott gar kein Wohlgefallen mehr finden konnte. Der Mensch mutierte durch die Sünde in den Zustand eines gewöhnlichen Geschöpfes, wenn er auch manche Elemente

---

17 Vgl. Gen 2,17; Gen 3,3; Gen 3,19

18 Röm 6,23

19 1 Kor 15,21

geistiger Art behielt, die ihm innerhalb der weiteren Geschöpfe doch eine beträchtliche Erhabenheit verliehen. Eine wirklich dramatisch schlechte Zukunft tat sich dem Menschen auf einmal auf: Nach einem sicherlich unerfüllten Leben auf Erden musste der Mensch – bar jeglicher übernatürlicher Dimensionen und letztlich nur vernunftbegabte Materie geworden – sterben und mit dem Tod kam für ihn definitiv das Aus. Keine Ewigkeit, keine Endlosigkeit im Genuss des Guten und Schönen, keine kindliche Beziehung mehr zu Gott. Ungesättigt und unerfüllt musste der Mensch dann wieder zum Staub der Erde zurückkehren und dort auf ewig verwesen.[20]

Der Tod ist also eine Folge der Erbsünde. Und darum muss jeder Mensch, in jeder Stunde der Geschichte sterben.[21] Das ist zweifellos eine einschneidende und weitreichende Folge. Der Mensch, der in seinem Wahnsinn wie Gott sein wollte[22], muss jetzt den Tod über sich ergehen lassen. Er selber hat es so gewollt. Da hilft nichts.

---

20 Diese dramatische Zukunft ist jedoch dank der Verheißung der Erlösung (Gen 3,15) und erst recht durch deren Vollzug durch Jesus Christus nicht eingetreten. Ohne die Erlösung wäre der ewigen Verwesung des Menschen jedoch nicht auszuweichen gewesen, denn – wenngleich die Leib-Seele-Einheit des Menschen nicht durch die Erbsünde angetastet wurde, hatte diese dennoch gravierende Auswirkungen sowohl auf den Leib, der mit einem Mal sterblich und anfällig für Krankheiten wurde, wie auch und vor allem auf die Seele, die ihren Kontakt zu Gott verlor und sich dem Bösen anheim gab.

21 „Durch die Übertretung eines einzigen ist es für alle Menschen zur Verurteilung gekommen": Vgl. Röm 5,18

22 Vgl. Gen 3,5

Kapitel III.

Ist der Tod eine Strafe?

Die Sünde unserer Stammeltern war zweifellos etwas Ungeheuerliches. Dem zu misstrauen, den man als spendablen Geber erfahren hat, ist unfassbar. Ihm bei der Festlegung des Verbots, vom Baum des Lebens zu essen, unlautere Motive zu unterstellen, ist namenlos. Doch – musste die Folge davon der Tod des Menschen sein? Schlimmeres als dies ist kaum vorstellbar. Man fragt sich verdutzt: Wie konnte der gute Gott uns so etwas antun? Hätte Gott die Sünde des Menschen nicht etwas milder strafen können? Hätte er es nicht bei einer – sagen wir mal – Verwarnung belassen können, so etwas wie einem *„Knöllchen"*? Dann brauchten wir nicht zu sterben! Wir wären mit dem Schrecken davongekommen und hätten bestimmt daraus gelernt, uns nicht zu überheben. Diese Reflexion wäre richtig, wenn es sich bei der Erbsünde nur um eine sittliche Verfehlung gehandelt hätte. Dann wäre sie lediglich eine ganz dicke Ungezogenheit gewesen und nach gebührender Einsicht des Täters wäre eine Wiederherstellung des vorigen Zustands durchaus denkbar gewesen. Die Erbsünde war aber viel mehr als nur ein grobes sittliches Vergehen. Die Erbsünde war die Ablehnung der von Gott mit väterlichen und mütterlichen Gefühlen ausgedachten Verfasstheit des Menschen als ein natürlich-übernatürliches Wesen. Es ging also um mehr als bloß um Sittlichkeit.

Fazit: Dass der Tod erscheinen musste, ist also nicht die Strafe eines supergerechten Gottes, der von der Sünde der

Stammeltern derart „*beleidigt*" war, dass er den zukünftigen Menschen im Zorn eine Lektion der Unterwerfung erteilen wollte, etwa nach dem Motto: „*Jetzt werdet ihr endlich lernen, bei euren Leisten zu bleiben, ihr werdet euch nicht mehr erheben wollen, als wäret ihr Gott selber.*" "*Jetzt zeige ich euch, was eine Harke ist.*"

Nein, so kam der Tod nicht in die Welt. Der Tod entstand als unmittelbare Folge davon, dass der Mensch die einzige Ursache für seine Unsterblichkeit – seine übernatürliche Komponente, seine Gotteskindschaft – in vollem Bewusstsein über die Tragweite seiner Handlung beiseitelegte. Man könnte dies auch mit einem Luftballon vergleichen, aus dem aus irgendeinem äußeren Grund – z.B. dass er gepickt wurde – die Luft herausging: Dann wird aus dem Luftballon ein Stück Gummi, das auf dem Boden liegt und von den Passanten achtlos mit den Füßen zertreten wird. Es leuchtet jedem ein, dass diese Wandlung des Luftballons in ein Stück Gummi nicht zu Lasten des Ballonherstellers geht, sondern desjenigen, der in den Ballon gestochen hat.

Der Tod des Menschen war also keine Verordnung eines beleidigten Gottes, sondern die zwangsläufige Folge der durch den freiwilligen Verzicht auf die Gottesebenbildlichkeit zustande gekommenen Verwandlung des Menschen in ein einfaches Geschöpf. Und mit dem Verlust der Gottesähnlichkeit war auf einmal „*der Zauber weg*". Die Zukunft des Menschen war nach der Erbsünde nicht mehr das unsterbliche Leben in der Freude eines Kindes Gottes; seine Zukunft war, wie die Zukunft aller anderen Geschöpfe auch, der vernichtende Tod nach einer gewissen Zeit auf Erden. Die Zukunft des Menschen war sein physischer Tod. Sein Sterben sollte dann auch sein endgültiges Ende sein, ähnlich wie das Sterben eines Hundes, eines Rhinozeros oder eines anderen Tieres.

Keine Zukunft, keine Perspektiven über den Tod hinaus. Der verwirkte Mensch! Furchtbar![23]

Also war der Tod in gar keiner Weise die Strafe eines übergerechten, hochbeleidigten Gottes. Unser Gott ist kein Gott der Rache, auch kein Gott der peniblen Gerechtigkeit. Nein! Nicht Gott hat über den Menschen eine Strafe verhängt, sondern der Mensch selber wurde durch seinen freiwilligen Auszug aus der Welt des Übernatürlichen von innen her – ohne ursächliches Zutun Gottes – sterblich. Die Sterblichkeit des Menschen war also endogen entstanden, d.h. der Tod kam aufgrund der Wandlung der menschlichen Natur in die Natur eines gewöhnlichen Geschöpfs zustande.

23 Zu einer ausführlichen Beschreibung des Zustandes des Menschen vor und nach der Erbsünde siehe: Cesar Martinez, Verborgene Schätze des Glaubens, Christiana-Verlag im Fe Verlag, Kisslegg 2019, S. 61

Kapitel IV.

Auf dem Weg
in eine neue Unsterblichkeit

Ja, der Tod ist der Feind des Menschen, ein Störfaktor, ein Spielverderber. Der Tod des Menschen war von Gott weder geplant noch gewollt. Der Mensch wurde nicht erschaffen, damit er sterbe. Der Mensch wurde zum Leben erschaffen! Und das ist im Endeffekt der Grund, warum der Mensch sich so gegen den Tod wehrt.

Als Gott den von der Sünde entstellten Menschen sah, hatte er Mitleid mit ihm, er liebte ihn offensichtlich nach wie vor, woraus im Übrigen klar hervorgeht, dass Gott uns niemals den Rücken kehrt. Eine Einsicht, die uns auch heute, ja gerade heute, weite Horizonte der Entspannung und des inneren Friedens, besonders beim Erleben von Schwierigkeiten und Widerwärtigkeiten erschließt. Gott empfand Mitleid mit dem Menschen und versprach, er würde eines Tages einen Erlöser auf die Erde senden, damit der Mensch in den Zustand zurückversetzt werden könnte, den er vor der Sünde hatte. Auf diesem Wege würde er wieder in den Genuss der Unsterblichkeit kommen dürfen. Wir wissen, wie Gott dieses Versprechen tatsächlich einlöste: Er selber wurde Mensch, legte sämtliche Etappen des menschlichen Lebens persönlich zurück, befreite sie dadurch vom Unrat der Sünde und befähigte das Menschliche, erneut in Kontakt mit Gott gebracht zu werden. Er versöhnte die Schöpfung mit Gott.

Stellvertretend für einen jeden Menschen nahm er die verheerenden Folgen der Sünde auf sich, wodurch wir davon befreit wurden. *„Jesus, der keine Sünde begangen hat, wurde für uns am Kreuz zur Sünde gemacht.“*[24] So erlöste Jesus Christus, wahrer Gott und wahrer Mensch, die Welt.

Freilich bewirkt die auf diese Weise von Jesus Christus vollzogene Erlösung keineswegs automatisch, dass der Mensch ohne persönliches Zutun in den Genuss der Erlösung und damit der neuen Gotteskindschaft gelangen kann, denn auch dieser neue Anlauf Gottes zu Gunsten des Menschen muss in Freiheit angenommen werden.[25]

Wir sagten, Jesus Christus habe alle Etappen des durch die Sünde gefallenen menschlichen Lebens selber zurückgelegt, um sie von deren bloß natürlichen Dasein in erlöste Orte zu verwandeln, wo man Gott begegnen kann. Darin besteht ja die Erlösung. Hauptfolge der Erbsünde ist aber der Tod. Und darum wollte Jesus Christus unbedingt sterben, um ihn vom Bösen zu befreien. Man möge staunen, doch es war so: Für Jesus war es ein wahres Anliegen, den Tod zu erleben, damit er ihm seine vernichtende, abscheuliche Bedeutung nehme und er aufhört, ein Instrument des Verfalls zu sein. Weil Jesus am Kreuz starb, hat er den Tod, der sonst die Vernichtung des Menschen mit sich bringen sollte, in den Übergang zu einem unsterblichen Leben verwandelt, und zwar zu jenem Leben,

---

24 Vgl. 2 Kor 5,21

25 Selbst Maria, die Jungfrau von Nazareth, musste Ja zu dem Plan Gottes sagen. Mit ihrem Wort: „Mir geschehe, wie du es gesagt hast" (Lk 1,38), nahm sie das Angebot an, das Gott ihr durch den Engel unterbreitete, in dem neuen Plan Gottes für die Menschen aktiv mitzuwirken. Und so konnte die Erlösung durch Jesus Christus erst beginnen. Daran wird deutlich, dass ohne die freie Annahme des Planes Gottes die Erlösung nicht möglich ist!

das Gott den Menschen bei ihrer Erschaffung gegeben hatte. Diese Umwandlung des Todes in Leben ist zweifellos der Höhepunkt der Erlösung. Sie ist ein Kunststück sondergleichen, wie es nicht größer sein kann.[26] Die Befreiung des Todes von seiner vernichtenden Kraft zeigt die Radikalität der Erlösung am augenfälligsten auf. Benedikt XVI. ging bei der Abschlussfeier des Weltjugendtages in Köln im Jahre 2005 mit wirklich tief gehenden Worten darauf ein, als er sagte:

„Weil Jesus den Tod in Liebe umformt, darum ist der Tod als solcher schon von innen her überwunden und Auferstehung schon in ihm da. Der Tod ist gleichsam von innen verwundet und kann nicht mehr das letzte Wort sein. Das ist sozusagen die Kernspaltung im Innersten des Seins – der Sieg der Liebe über den Hass, der Sieg der Liebe über den Tod. Nur von dieser innersten Explosion des Guten her, die das Böse überwindet, kann dann die Kette der Verwandlungen ausgehen, die allmählich die Welt umformt.“[27]

---

26 Indem Jesus den Tod erlitten hat, hat er diesen von seinem „Fluch" befreit. In Vorausschau dessen, was am Jüngsten Tag geschehen wird, sagt der heilige Paulus: "Brüder: … Ich enthülle euch ein Geheimnis: Die Toten werden zur Unvergänglichkeit auferweckt … Denn dieses Vergängliche muss sich mit Unvergänglichkeit bekleiden und dieses Sterbliche mit Unsterblichkeit. Wenn sich aber dieses Vergängliche mit Unvergänglichkeit bekleidet und dieses Sterbliche mit Unsterblichkeit, dann erfüllt sich das Wort der Schrift: ,Verschlungen ist der Tod vom Sieg. Tod, wo ist dein Sieg? Tod, wo ist dein Stachel?" (Vgl. 1 Kor 15,50-55). Und der hl. Petrus macht uns darauf aufmerksam, wem wir das zu verdanken haben. Er sagt: „Ihr wisst, dass ihr aus eurer sinnlosen, von den Vätern ererbten Lebensweise nicht um einen vergänglichen Preis losgekauft wurdet, nicht um Silber oder Gold, sondern mit dem kostbaren Blut Christi, des Lammes ohne Fehl und Makel" (1 Petr 1,18-19).

27 Verlautbarungen des Apostolischen Stuhls, Nr. 169, S. 86

Weil Jesus Christus, wie gesagt, sämtliche Stationen des menschlichen Lebens zurücklegen wollte, um sie von der Bosheit zu befreien, die ihnen anhaftete, und ihnen einen übernatürlichen, ja erlösenden Sinn zu geben, hat er nicht nur den Tod erleben wollen, sondern auch all die Vorboten und Nebenerscheinungen des physischen Todes auf sich genommen. Leiden, Schmerzen, Demütigungen und vielem mehr wich Jesus nicht aus, im Gegenteil: Er nahm sie an als das, was sie sind, nämlich als Folgen der durch die Sünde entstellten menschlichen Natur auf ihrem Weg zum vernichtenden physischen Tod. Und – indem er selber sie erlebte –, brachte er sie geistig in Verbindung mit seinem baldigen Tod und verwandelte sie dadurch in Vorbereitungsinstanzen auf die Erlösung überhaupt. Und wenn der Christ sein eigenes Leiden – von dem kein Mensch auf Erden ganz verschont wird –, in Verbindung mit dem Leiden Christi bringt und es in seinem Sinne trägt, dann beteiligt er sich an der Erlösung seiner selbst, die Jesus in ihm wirkt, und überhaupt an der Erlösungsarbeit Jesu Christi im Allgemeinen. Das Leiden des Christen wird dann in ein Stück des Leidens Christi verwandelt. Und noch eines: Wer leidet, erlebt in sich die Demütigung seines Ichs und begreift, wie verkehrt der Protz der Stammeltern war, als sie über Gott stehen wollten, und auch, wie sinnlos und im Grunde kindisch das hochmütige Gehabe des Menschen ist, wenn er sich überhebt.

Diese Überlegungen erschließen uns weite Horizonte für die Gestaltung unseres christlichen Lebens: Wenn ein Christ diese Nebenerscheinungen, bzw. Vorboten des Todes in sich spürt und sich dabei mit Jesus Christus vereint, der durch sein demütiges Leiden die Welt erlöst hat, dann bewahrheitet sich in ihm, was der heilige Paulus einmal sagte: *„Jetzt freue ich mich in den Leiden, die ich ... ertrage. ... Ich ergänze in* *meinem irdischen Leben das, was an den Leiden Christi noch fehlt.*"[28] Das zeigt auf, dass das Werk der Erlösung zwar allein von Jesus Christus vollbracht wird, dass er jedoch möchte, dass die Menschen sich am Vollzug von Erlösung beteiligen.

---

28 Kol 1,24

Kapitel V.

Die Entmachtung des Todes durch Jesus Christus

Die Folgen der Erbsünde werden im Menschen erst aufhören zu wirken, wenn der Mensch tatsächlich erlöst ist. Und – wann ist es soweit? Wann werden wir erlöst? Erlöst werden wir erst nach dem physischen Tod. Wieso? Nicht früher schon? Nein, denn der Tod – so Paulus – ist *„der letzte Feind, der entmachtet wird"*.[29] Solange der Mensch noch auf Erden lebt, ist er lediglich in der Hoffnung erlöst, so der heilige Paulus im Römerbrief.[30]

Der letzte Feind des Menschen ist also der Tod. Jesus hat ihn besiegt, indem er leidvoll starb und ihm so den Sinn gab, höchster Ausdruck der Demut des Menschen zu sein. Der Mensch, der in Adam und Eva dem Wahnsinn verfiel, es besser zu wissen als Gott, gibt durch seine Ohnmacht vor dem zerstörerischen Tod zu, dass er doch kein Alleskönner ist. Das ist nur Gott. Wer in diesem Geiste seinen Tod erlebt, der weiß sich mit Christus eins, der seinen Tod am Kreuz genau in diesem Sinn auf sich nahm. Am Kreuz verkörperte Jesus nämlich die Bedeutungslosigkeit und Hässlichkeit, in die der von Gott getrennte Mensch gerät. Jesus, der ohne Sünde war, sagt der heilige Paulus, ist am Kreuz für uns zur

---

29 1 Kor 15,26

30 Vgl. Röm 8,24

Sünde geworden.[31] Die Bilder des blutüberströmten Jesus am Kreuz verdeutlichen, dass er die Sünde des Stolzes und der Überheblichkeit der Menschen auf sich genommen hat, um für uns zu sühnen. Dank dieses Todes führt uns unser leiblicher Tod nicht ins ewige Nichtsein, wie es gewesen wäre, wenn Jesus den Tod nicht entmachtet hätte. Unser leiblicher Tod öffnet uns hingegen das Tor zum Paradies, das Tor zum neuen Himmel und zur neuen Erde, wo der Mensch dann jene Unsterblichkeit wiedererlangen wird, die Gott uns am Anfang geschenkt hatte und die durch die Sünde ganz zu seinem Leidwesen verloren gegangen war.

Und so kommt es, dass der Tod Jesu am Kreuz die Heilung des menschlichen Todes war. Wer erlöst wird, stirbt nicht mehr und wird im Endeffekt so leben, wie es am Anfang der Zeiten von Gott gedacht war: *„Der Tod wird nicht mehr sein, keine Trauer, keine Klage, keine Mühsal."*[32]

Mit der Entmachtung des Todes[33] wird die Erlösung des Menschen geradezu abgeschlossen. *„Es gibt keine größere Liebe, als wenn einer sein Leben für seine Freunde hingibt."*[34] Dieses Übermaß an Liebe, das sich am Kreuz zeigte, war von Gott als überzeugendes Argument dafür vorgesehen, dass der Mensch sich, von der Hingabe Jesu ergriffen, zur Annahme seines Angebots, sich erlösen zu lassen, entscheidet. Gott, der die Menschen bis zur Vollendung liebt (vgl. Joh 13,1), *„will, dass alle Menschen gerettet werden und zur Erkenntnis der Wahrheit gelangen".*[35]

---

31 Vgl. 2 Kor 5,21

32 Offb 21,4

33 Vgl. 1 Kor15,26

34 Joh 15,13

35 1 Tim 2,4

Das war ihm deshalb so wichtig, weil wer den Plan der Erlösung bewusst und freiwillig ablehnt, den zweiten Tod wird erleben müssen. Der zweite Tod! Was ist der zweite Tod? Der zweite Tod ist der Gang in die Hölle. Die Hölle ist garantiert nicht im Sinne Gottes. Ganz im Gegenteil. Wenn es nur nach Gott gegangen wäre, gäbe es keine Hölle. Die Hölle ist leider nötig geworden für die, die sich nicht erlösen lassen wollen. Wir kommen noch darauf zurück.

Und noch eines dürfte in diesem Zusammenhang nicht unbeachtet bleiben:

Im Gegensatz zum Plan der Schöpfung, in dem ein einziges Menschenpaar – Adam und Eva – als Vertreter und Verkörperung des Menschen überhaupt, d.h. der ganzen Menschheit, eine Entscheidung nicht nur für sich selber, sondern auch für das gesamte Menschengeschlecht treffen mussten[36], muss im Plan der Erlösung, den Jesus am Kreuz vollzogen hat, jeder einzelne Mensch für sich selber persönlich entscheiden, ob er der Vorstellung Gottes über den Menschen zustimmt oder nicht. Um diese Entscheidung zu treffen, hat der Mensch sein ganzes Leben lang Zeit bis zu seinem physischen Tod.

Unser physischer Tod ist also kein endgültiger Tod. Das wäre er gewesen, ich wiederhole, wenn der Schöpfergott nach der Erbsünde nicht den Entschluss gefasst hätte, den Menschen doch zu erlösen und einen Erlöser auf die Erde zu senden. Doch bis der versprochene Erlöser in Jesus Christus auf die Erde kam, verging unheimlich viel Zeit. In dieser langen Zeit war die Welt noch nicht erlöst: Nur das Versprechen des Schöpfergottes an unsere Stammeltern war da und leuchtete auf wie ein Stern am dunklen Firmament. Bis Jesus Christus tatsächlich auf Erden erschien, gab es bei den Menschen nur

---

36 Vgl. Röm 5,12

die Hoffnung auf Erlösung, was in der Geschichte des auser-
wählten Volkes Israel übrigens, wie diese im Alten Testament
dargelegt wird, absolut prägend wirkte. Die Geschichte des
Volkes Israel war ja die Geschichte des Wartens auf den Erlöser, den Messias.

Die Erlösung kam mit Jesus in die Welt und erst nach
seinem Tod und der darauffolgenden Auferstehung von den
Toten wurde die Erlösung vollbracht, und zwar *objektiv*, d.h.
erst von da ab konnte der einzelne Mensch tatsächlich – nach
seinem physischen Tod – in den vollen Genuss der *subjektiven*
Erlösung kommen.

Nach der Erbsünde war der Mensch wegen des Verlustes
der Gottesebenbildlichkeit auf die Ebene eines rein natürlichen Geschöpfes heruntergestürzt. Nach der Verheißung
des Erlösers brach in der Menschheit die Hoffnung auf den
Erlöser an. Diese Hoffnung wurde durch das Erscheinen des
Messias direkt erlebbar. Doch erst nach dem Tod und der
Auferstehung Jesu wurde sie wirksam, nicht in der Form,
dass die Menschen allesamt ohne irgendein persönliches
Zutun Erlösung erführen, – der Tod Jesu am Kreuz eröffnete
vielmehr den einzelnen Menschen die Möglichkeit, dass sie
erlöst werden. Um Erlösung tatsächlich zu erfahren, muss der
Mensch sie auch wollen, zumindest nichts dagegen haben,
was einer, wenn auch schwachen, aber wirksamen Form der
Annahme gleichkommen kann.

Bis zu seinem Ableben befindet sich der Mensch also im
Zustand der Hoffnung auf Erlösung. Der heilige Paulus
drückt es so aus: *„Wir sind erlöst, doch in der Hoffnung"*, und
fügt noch hinzu: *„Eine Hoffnung, die man schon erfüllt sieht,
ist keine Hoffnung."*[37]

---

37 Röm 8,24

Erst unmittelbar nach seinem Tod erfährt der Mensch mit absoluter Sicherheit, ob er erlöst ist, oder nicht. Und auch dann ist seine Erlösung noch nicht vollendet, sie ist sozusagen noch im Gange, erst am Jüngsten Tag der Geschichte wird sie ganz vollendet sein. Dies mag überraschen: Sind die Menschen im Himmel, also die Heiligen, noch nicht erlöst? Natürlich sind sie erlöst, doch etwas müsste hierzu noch präzisiert werden. Sicher sind die Heiligen im Himmel überglücklich und auf alle Fälle erlöst, doch sie befinden sich in der Ewigkeit vorerst noch ohne ihren Leib, der auf der Erde gerade verwest, bzw. schon verwest ist. Auch das ist eine Folge der Erbsünde[38], doch eine lediglich „*zeitlich*" bemessene Folge, denn am Jüngsten Tag endet die Trennung von Leib und Seele, worin ja der physische Tod besteht, und die Einheit der Person wird dann wiederhergestellt. Das meint unser Glaube mit dem Bekenntnis der Auferstehung der Toten am Jüngsten Tag. Wir werden später noch darauf zurückkommen.

---

38 Darum ist die Mutter Gottes, die ja ohne Erbsünde empfangen wurde, schon jetzt im Himmel mit ihrem Leib. Und erst recht Jesus Christus.

Kapitel VI.

Was geschieht nach dem Tod?

Dem physischen Tod eines jeden Menschen folgt unmittelbar das Gericht. Das Gericht geschieht in der Form, dass das eigene Leben vor dem Hintergrund der Vorstellung Gottes über den Menschen beleuchtet wird. Der heilige Johannes vom Kreuz sagt: *„Am Abend unseres Lebens werden wir nach unserer Liebe gerichtet werden."*[39] Und der Katechismus der Katholischen Kirche (KKK) belehrt uns hierzu: *„Jeder Mensch empfängt im Moment des Todes in seiner unsterblichen Seele die ewige Vergeltung. Dies geschieht in einem besonderen Gericht, das sein Leben auf Christus bezieht – entweder durch eine Läuterung hindurch, oder indem er unmittelbar in die himmlische Seligkeit eintritt, oder indem er sich selbst sogleich für immer verdammt."*[40]

Egal wohin der Mensch nach seinem physischen Tod gelangt, sein Leib kehrt vorerst in den Staub zurück und verwest. Seltene Ausnahmen bestätigen die Regel, z.B. bei Katharina von Siena, dem Pfarrer von Ars, Pius X., Bernadette Soubirous, der Seherin von Lourdes etc. Ihre Körper sind nicht verwest. Aber auch ihre solchen Fällen sind die Körper der Verstorbenen von der Seele getrennt.

Und nun ist die Frage: Was macht die Seele die ganze Zeit bis zum Jüngsten Tag bei Gott? Was ist die Seele eigentlich? Die Seele ist der Geist, das Denken, das Wollen, die Liebe,

---

39 Vgl. Katechismus der katholischen Kirche (KKK), Nr. 1022
40 KKK, Nr. 1022

das Bewusstsein, das Begreifen und Erfassen, wie auch das Vermögen, über sich selbst zu reflektieren. Vor allem ist die Seele aber der „*Ort*" im Menschen, in dem die Gottesebenbildlichkeit, d.h. die Gotteskindschaft, am stärksten gespürt wird und von dem aus sie bis in die letzte Faser der Person wirkt. Nach dem physischen Tod lebt der Mensch – egal, ob seine Bestimmung der Himmel, das Fegefeuer oder die Hölle ist –, durch seine Seele. Die Seele stirbt nicht. Die Seele verwest nicht, eben weil sie immateriell ist. In ihr erfährt der Tote die ewige Vergeltung, die, wie soeben gesagt, eine dreifache sein kann: der Himmel bei Gott, der Ort der Reinigung, auch Fegefeuer genannt, und die Hölle.

Was macht die Seele in der Ewigkeit? Wir nehmen zunächst die Situation und das Leben der Seele derjenigen unter die Lupe, die nach dem physischen Tode direkt oder nach einer gewissen Zeit der Reinigung in die himmlische Seligkeit eingetreten sind, sie werden auch Heilige genannt.

Was machen die Heiligen im Himmel nach deren physischen Tod? Sie erleben die Fülle eines gelungenen menschlichen Lebens! Wenn ich dies so ausdrücken darf: „*Sie atmen voll auf!*" Die Heiligen wissen, dass sie am Ziel angekommen sind, sie sind absolut erfüllt und glücklich. Sie erfahren die Vollendung ihres Seins. Zwar noch ohne seinen Leib, der gerade in die Verwesung gegangen ist, doch mit dem Geist erlebt der Mensch in der Ewigkeit bei Gott jene Fülle des Lebens, die Jesus Christus auf die Erde gebracht und unermüdlich gepredigt hat: „*Ich bin gekommen, damit sie (die Menschen) das Leben haben, und es in Fülle haben*"[41], heißt es im Johannesevangelium. Die Menschen im Himmel wissen sich erlöst und begreifen, dass sie dadurch Gott eine ganz

---

41 Vgl. Joh 10,10

große Freude bereitet haben, denn das war ja der Grund, warum Jesus Christus auf die Erde gekommen war, nämlich dass die Menschen ihr Menschsein vollenden und dadurch in den Himmel kommen.

Warum sollen die Heiligen im Himmel ihre beglückende Vollendung zunächst ohne den Leib erleben? Warum nicht gleich zusammen mit dem Körper? Sowieso wird die Bestimmung eines jeden beim Gericht unmittelbar nach dem physischen Tod unwiderruflich festgelegt! Warum kann der Mensch nach seinem Tod nicht gleich den Leib mit in die Ewigkeit nehmen? Ist es nicht ein Mangel, dass die erlösten Menschen in der Ewigkeit bei Gott zunächst auf ihren Leib verzichten müssen? Empfinden sie diesen Mangel etwa nicht? Was machen diese Menschen, die wir die Heiligen nennen, die ganze Zeit im Himmel bis zum Jüngsten Tag? Die Seelen der Gerechten im Himmel, d.h. die Heiligen, spüren wohl, dass ihnen der Leib fehlt. Dieser Mangel betrübt sie jedoch nicht, denn sie wissen, der Leib wird eines Tages bestimmt dazukommen. Dann wird ihre Erfüllung umso größer sein, denn ohne den Leib ist der Mensch tatsächlich nicht vollständig. Ist es wirklich so? Kann der Mensch in der Ewigkeit bei Gott auch ohne den Leib ganz erfüllt sein? Diese Frage müssen wir auf jeden Fall bejahen, denn auch Gott, der reiner Geist ist, also keinen Körper hat, ist absolut glücklich. Ähnlich wie Gott kann demnach auch der Geist des Menschen – seine Seele! –, wohl wissend um den Mangel an Leib, dennoch ganz glücklich sein. Der Mensch – d.h. seine Seele, sein Geist – verbringt seine Existenz im Himmel in einem Zustand der Ekstase der Liebe. In diesem Zustand der Ekstase erfährt der Mensch, bzw. seine Seele, die *„Erfüllung seiner tiefsten Sehnsüchte"*.[42]

---

42 Vgl. KKK, Nr. 1024

Er weiß sich erlöst, weiß sich mit der Zweiten Person der Dreifaltigkeit, Jesus Christus, innigst verbunden[43], er sprüht vor Freude und Erfüllung. Ja, das stimmt: Sein Leib ist noch nicht da, er weiß aber, dass dies am Jüngsten Tag geschehen wird. Kein Grund also zur Aufregung! Die Heiligen wissen, es läuft alles planmäßig! Die Sehnsucht nach dem Jüngsten Tag behalten die Heiligen also auch im Himmel. Doch diese Sehnsucht ist ganz anderer Art als die Sehnsüchte des Menschen auf Erden, die ja nur unvollkommen erfüllt werden bzw. nicht von Dauer sind. Die Sehnsucht der Heiligen im Himmel ist im Grunde nichts anderes als das gesicherte Wissen, dass der Leib am Ende der Zeiten auferstehen wird. Wenn es so ist, könnte man sich fragen, ob die Seele den Leib überhaupt braucht, um glücklich zu sein? Ist der Leib für den Menschen also letztlich doch nur das fünfte Rad am Wagen? So etwas wie ein Accessoire? Auf gar keinen Fall! Denn der Leib ist und bleibt ein wesentlicher „Bestandteil" des Menschen! Wie kann man sich das alles erklären?

Vielleicht hilft uns zu einem tieferen Verständnis dieses Sachverhalts ein Wort des hl. Thomas von Aquin, der einmal gesagt hat: *„Der Leib hat Spuren in der Seele hinterlassen."*[44] Das bedeutet, dass die Seele im Himmel zwar ohne den Leib ist, dieser aber durch die Spuren, die er in der Seele hinterlassen hat, nicht ganz abwesend ist. Diese Anmerkung des hl. Thomas von Aquin ist, wie ich finde, gut nachvollziehbar, denn man kann nicht verleugnen, dass aus dem „Zusammenleben" von Leib und Seele auf Erden sich für das jeweils

---

43 Das II. Vatikanische Konzil beschreibt die Verbindung des Menschen mit Gott so: „Der Sohn Gottes hat sich in seiner Menschwerdung gewissermaßen mit jedem Menschen vereinigt": Gaudium et spes 22,2

44 Vgl. Johanna Rahner: Einführung in die Katholische Dogmatik, WBG, Darmstadt 2008, S. 131f

andere „Element" Folgen ergeben haben. Dass die Seele einen sogar großen Einfluss auf den Körper des Menschen hat, ist unumstritten, wie es die Psychosomatik überzeugend aufzeigt. Und umgekehrt ist es auch so: Der Leib beeinflusst den Geist beträchtlich. Nicht nur die Gemütsschwankungen stellen es unter Beweis, man kann auch nicht leugnen, dass der Mensch seine geistigen Fähigkeiten meistens nach der Art seines leiblichen Zustandes erfährt. Ein ermüdeter, kranker Redner hält seinen Vortrag anders, als wenn er gesundheitlich voll auf der Höhe ist. Leib und Seele sind keineswegs isoliert für sich da, sie stehen sich auch nicht parallel gegenüber, irgendwie führen beide ein Leben in dem jeweils anderen. Nach dem hl. Thomas von Aquin endet dieses grundlegende *Aufeinander-angewiesen-Sein* von Leib und Seele nicht ganz mit dem biologischen Tod des Menschen. Die Seele ist irgendwie im Leib und umgekehrt. Ja? Wirklich? Wie denn? Der Leib ist gerade in der Verwesung, bzw. ist bereits verwest! Er existiert nicht mehr! Ja, das stimmt, doch wenn gerade „*dieser Leib*", der jetzt verwest ist, „*und kein anderer*" am Jüngsten Tag auferstehen soll, wie unser Glaube uns lehrt[45], dann muss es eine wie auch immer geartete Zuordnung der verwesten leiblichen Materie auf diese eine Seele geben, die nun in der Ewigkeit auf die Vereinigung mit dem Leib wartet, mit dem sie auf Erden eine Einheit gebildet hat. Sonst würde nicht derselbe Leib von früher auferstehen.[46]

---

45 Vgl., KKK, Nr. 997, 999, 1016

46 Das ist ein faszinierendes Thema, auf das einmal gründlich einzugehen, sich lohnen würde. Denn der Leib der Auferstehung – ein verherrlichter Leib – hat doch mit dem Leib zu tun, der mit dieser einen Seele, die bis zum Jüngsten Tag allein in der Ewigkeit war, damals in der irdischen Phase des Lebens den einen konkreten Menschen bildete. Zwar werden wir im verherrlichten Zustand auferstehen, doch der Mensch

Apropos Einfluss des Körpers auf die Seele: Man kann nicht verleugnen, dass der sich nun in der Verwesung befindliche Leib einen sicher großen Einfluss auf das geistige Verhalten des Menschen in der irdischen Phase des Lebens gehabt hat. Dieser Leib hat in dieser Seele, die jetzt ohne den Körper in der Ewigkeit lebt, tatsächlich Spuren hinterlassen. Darum ist es, wie ich meine, nicht allzu gewagt zu sagen, in seinen Wirkungen auf die Seele sei der Leib doch nicht ganz abwesend in der Ewigkeit. Wie dem auch sei, eines dürfte klar sein: Auch ohne den Leib ist die Person des Menschen in der Ewigkeit doch da. Denn, wie der hl. Thomas von Aquin lehrt, der Mensch ist ja durch seine Seele.

Nun die alte Frage: Was tut die Seele im Himmel, vom Leib getrennt, bis zum Jüngsten Tag? Sie erlebt die Ekstase der Liebe, haben wir gesagt. Was heißt das, die Ekstase der Liebe? Es heißt, dass die Seelen der Erlösten – das sind ja die Bewohner des Himmels, die Heiligen –, bis zur Quelle der göttlichen Liebe im Kreis der Dreifaltigkeit vordringen und dort, von ihrer Kraft, Schönheit und Harmonie völlig

---

wird derselbe sein, der zu der irdischen Zeit da war. Bei der Auferstehung der Toten werden wir keinen neuen Leib bekommen, sondern den alten, wenn auch in einem neuen, glänzenden Zustand. Wäre es nicht so, könnte man gar nicht von Auferstehung des Fleisches sprechen. Der Begriff der Auferstehung selber zeigt, dass es sich hierbei nicht um etwas ganz Neues handelt, sondern um Altes, das wieder zu leben beginnt. Paulus sagt: „Der Geist ..., der Jesus von den Toten auferweckt hat, ... wird auch ‚euren sterblichen Leib‘ lebendig machen" (Röm 8,11). Keinen neuen Leib also, sondern den alten, wohl aber in einem anderen Zustand: Ins Grab wurde der sterbliche Leib Jesu getragen, auferstanden ist der eine und derselbe Leib, jedoch im verklärten Zustand. Vgl. dazu: KKK, Nr. 1017: „Wir glauben die wahre Auferstehung dieses Fleisches, das wir jetzt tragen. Ins Grab gesät wird ein verweslicher Leib; auferstehen wird ein unverweslicher Leib."

überwältigt, diese Liebe in vollen Zügen genießen. In seiner Seele erlebt der Mensch im Himmel die Gotteskindschaft, die Zugehörigkeit zu Gott, er weiß und fühlt sich von Gott geliebt, er *„platzt"* vor Freude. Er weiß, dass er Gott Freude gemacht hat, weil er sich von ihm hat erlösen lassen, und das empfindet er als hochbeglückend. Gleich einer wunderschönen Hintergrundmusik hört er dann jene Worte des Herrn an den treuen Diener des Evangeliums: *„Du bist ein guter und treuer Diener. Du bist im Kleinen ein treuer Verwalter gewesen … komm, nimm teil an der Freude deines Herrn."*[47] Mit einem Wort: Er wird trunken vor Erfüllung sein. Der Katechismus der katholischen Kirche schildert den Zustand des Menschen im Himmel mit folgenden wirklich aufschlussreichen Worten: *„Dieses vollkommene Leben mit der allerseligsten Dreifaltigkeit, diese Lebens- und Liebesgemeinschaft mit ihr, mit der Jungfrau Maria, den Engeln und allen Seligen, wird „der Himmel" genannt. Der Himmel ist das letzte Ziel und die Erfüllung der tiefsten Sehnsüchte des Menschen, der Zustand höchsten, endgültigen Glücks."*[48] Und weiter heißt es im Katechismus über den Himmel: *„Im Himmel leben heißt, mit Christus sein. Die Außerwählten leben ‚in ihm', behalten, oder besser gesagt, finden dabei jedoch ihre wahre Identität, ihren eigenen Namen."*[49]

Soweit über den Zustand der Menschen, die nach ihrem physischen Tod in der Ewigkeit voll Freude und Erfüllung auf den Jüngsten Tag warten. Diese Menschen nennen wir *„die Heiligen"*. Derer gibt es im Himmel offenbar *„eine ganz große Schar aus allen Nationen und Stämmen, Völkern und*

---

47 Mt 25,23

48 KKK, Nr. 1024

49 KKK, Nr. 1025

Sprachen".[50] Der Himmel ist wirklich „sehr *gut besetzt*". Die Erlösung durch Jesus Christus ist offensichtlich erfolgreich. Und Gott freut sich über diese Menschen, die nun – egal wie ihre Biografie war – dem voll entsprechen, was Gott bei ihrer Erschaffung im Herzen gehabt hat.

Dass es im Himmel offenbar so viele Heilige gibt, mag manchen wohl etwas verwundern, denn ein Blick auf die Welt, egal in welcher Zeit der Geschichte, zeigt, dass es immer unheimlich viele Menschen gegeben hat und noch gibt, die Böses jeglicher Art verüben. Da fragt man sich: Wie lässt sich diese eklatante Bosheit so vieler Menschen mit der in der Heiligen Schrift bezeugten Tatsache vereinbaren, dass der Himmel voller Heiliger ist? Im Buch der Offenbarung des hl. Johannes – das ist das letzte Buch der Heiligen Schrift – erfahren wir von einer Vision des Apostels über die Bevölkerungsdichte im Himmel, die er folgendermaßen beschreibt: *„Ich sah eine große Schar aus allen Nationen und Stämmen, Völkern und Sprachen; niemand konnte sie zählen."*[51] Diese Information des Apostels über die vielen Heiligen im Himmel macht unsere Frage noch eindringlicher: Wie lässt sich dies mit der offensichtlichen Bösartigkeit unzähliger Menschen auf Erden vereinbaren?

Ich denke, man müsste zunächst einmal bedenken, dass die „*große Schar*" an Heiligen, die der hl. Johannes in seiner Vision sah, vermutlich die gesamte Menschheitsgeschichte bis zum Jüngsten Tag meint. Und dennoch bleibt die aufgeworfene Frage offen, wie lässt sich die große Schlechtigkeit so vieler Menschen auf Erden mit der großen Bevölkerungsdichte im Himmel vereinbaren? Um den scheinbaren Widerspruch aufzuklären, kann uns die Überlegung helfen, dass Gott im

---

50 Offb 7,9

51 Offb 7,9

Augenblick des Todes einem jeden Menschen – egal, wie sein Leben auf Erden verlaufen sein mag – alle geistlichen Hilfen schenkt, damit er seine Sünden erkennt, sie bereut und sich der Barmherzigkeit Gottes bewusst und demütig anheimstellt. Dann sind diese Menschen auf jeden Fall gerettet, denn bei Gott kommt es – zumal in dieser entscheidenden Stunde – nicht so sehr auf eine kalte, bloß rechnerische und legalistische Gerechtigkeit, sondern auf die Liebesreue an. Die Reue aus Liebe des gewesenen Sünders kann derart intensiv sein – man denke z.B. an die Sünderin, die mit dem wohlriechenden Öl die Füße Jesu bei einem Festessen salbte –, dass sie den ganzen Schmutz eines ganzen Lebens in einem einzigen Augenblick verschwinden lässt.[52] Denn diese Liebe aus Reue wirkt dann wie Feuer, das die vorhandene Unreinheit völlig zersetzt. Dem Reuigen vergibt Gott dann gerne die Schuld. Und so wird der Seele der Weg zum Himmel eröffnet. Viele Menschen sehen im Augenblick des Todes dank der ihnen von Gott geschenkten Gnade ihre Sündhaftigkeit ein, sie bereuen sie zutiefst, nehmen das ihnen in dieser Stunde angebotene Erbarmen Gottes dankbar an und lassen sich so quasi *fünf vor zwölf* für den Himmel tatsächlich erlösen.

Und – was ist aus den begangenen Sünden geworden? Ist es im Grunde letztlich egal, wie man lebt? Sagt Gott wirklich *„Schwamm drüber"*? Und was ist aus dem vielen Bösen geworden, das diese Menschen auf Erden verübt haben? Und was ist mit dem Guten, das ausgeblieben ist, weil der, der es tun sollte, es nicht tat, weil er sich auf Wegen der Sünde befand? Ist Gott dann nicht ungerecht mit denen, die sich das ganze Leben um ein rechtschaffenes Leben bemüht haben? Vergilt

---

52 „Ihr sind ihre vielen Sünden vergeben, weil sie (mir) so viel Liebe gezeigt hat" (Lk 7,47).

er dann doch dem Gerechten genauso wie dem *„gewesenen Ungerechten"*?

Im Gleichnis vom Weinberg geht Jesus auf diese Frage ein und zeigt deutlich, dass es hier nicht um eine Frage der kalten Gerechtigkeit geht, sondern allein um eine Frage der Güte und der Barmherzigkeit Gottes. Als die Arbeiter, die die Hitze des Tages ertragen hatten, merkten, dass diejenigen, die erst kurz vor Sonnenuntergang in den Weinberg gekommen waren, genauso bezahlt wurden wie sie, murrten sie. Der Weinbergbesitzer aber sagte zu ihnen: *„Darf ich mit dem, was mir gehört, nicht tun, was ich will? Oder bist du neidisch, weil ich (zu anderen) gütig bin?"*[53] Also doch *„Schwamm drüber"*? Oh nein! Die Arbeiter der letzten Stunde haben mit Sicherheit bestimmt zutiefst bereut, nicht schon früher in den Weinberg hineingegangen zu sein; sie haben eingesehen, dass sie – wären sie früher angekommen – vieles hätten schaffen können, was leider ungetan blieb. Und darüber empfanden sie eine ganz tiefe Reue, denn sie begriffen, dass auch das eine Sünde war. Sich am Ertrag des Weinberges nicht schon früher beteiligt zu haben, empfanden sie nun als höchst bedauerlich und bereuten es zutiefst. Dieses Ungleichgewicht in der Gesamtschau des Lebens der Menschen, die sich erst im Augenblick des Todes bekehren, wird bestimmt nicht mit *„Schwamm drüber"* beseitigt. Denn das wäre tatsächlich ungerecht und das wollen diese Menschen selber auch gar nicht. Sie sind sich vielmehr ihrer Sünde, von deren Schuld Gott sie jetzt befreit, bewusst und empfinden darüber tiefsten seelischen Schmerz. Und so kommt es, dass es in ihnen, mit der Freude der empfangenen Vergebung gepaart, ein tiefes Verlangen nach einer wie auch immer gearteten Wiedergutmachung gibt, nach einer Art

---

53 Mt 20,15

Buße wegen der Sünden, deren Schuld Gott ihnen soeben vergeben hat. Wer also in letzter Sekunde dank der Barmherzigkeit Gottes, die auf die Reue des Menschen immer positiv antwortet, trotz seiner gewesenen Sündhaftigkeit gerade noch gerettet wird, möchte nicht auf dem Wege des *„Schwamm drüber"* gerettet werden. Es verlangt ihn nach Buße. Er will nicht nur Empfänger von Vergebung sein. Er will an seiner eigenen Person seinen Schmerz wegen der (soeben vergebenen) Sünden zum Ausdruck bringen.

Es gehört zu unserem katholischen Glauben – der Katechismus belehrt uns darüber: *„Wer in der Gnade und Freundschaft Gottes stirbt, aber noch nicht vollkommen geläutert ist, ist zwar seines ewigen Heiles sicher, macht aber nach dem Tode eine Läuterung durch, um die Heiligkeit zu erlangen, die notwendig ist, um in die Freude des Himmels eingehen zu können."*[54] Wie das konkret vor sich geht, entzieht sich jedoch unserer Kenntnis. Der damalige Kardinal Ratzinger versuchte einmal diese Läuterung aus Reue mit tröstlichen und zugleich rational nachvollziehbaren Worten zu erklären:

„Wenn wir unverhüllt auf Christus treffen, dann wird es von selber so sein, dass alle Erbärmlichkeit und Schuld unseres Lebens, die wir uns meist sorgfältig verborgen haben, uns in diesem Augenblick der Wahrheit brennend vor der Seele steht. Die Gegenwart des Herrn wird auf alles das in uns, was Verflechtung in Unrecht, in den Hass und in die Lüge ist, wie eine brennende Flamme wirken. Sie wird zum reinigenden Schmerz werden, der alles das aus uns herausbrennt, was mit der Ewigkeit, mit dem lebendigen Kreislauf von Christi Liebe unvereinbar ist."[55] Bei der wirklich einmaligen Begegnung mit Christus unmittelbar

---

54 KKK, Nr. 1030

55 Josef Ratzinger, „Gott ist uns nah", St. Ulrich-Verlag 2005, S. 155

vor dem Tod, vielleicht sogar in der eigentlichen Sterbestunde, steht dem Menschen in Sekundenschnelle sein ganzes Leben vor Augen, er erkennt die Bosheit seiner Sünden, bereut sie zutiefst, zumal er begreift, dass er durch seine bösen Handlungen Christus betrübt hat, Christus, den er jetzt vielleicht zum ersten Mal richtig wahrnimmt und dabei erkennt, dass er ihm ein Leben lang mit persönlicher Liebe stark zugeneigt war. Und so kommen viele Sünder, die in letzter Sekunde dennoch *„die Kurve gekriegt haben"*, in den Himmel. Und sie sind ebenso Heilige, wie alle anderen auch, die – wenn ich das so ausdrücken darf – auf Erden weniger gesündigt haben. Das Versprechen Jesu an den Verbrecher Dismas, der sich in letzter Sekunde bekehrt hat: *„Heute noch wirst du mit mir im Paradies sein"*[56], stellt es unter Beweis.

Wir sind aber neugierig und fragen uns, wie kann man binnen einer so kurzen Zeit zu einer so tiefgreifenden Bekehrung kommen? Dismas begegnete Jesus völlig unerwartet, er schaute ihn an, sein Blick kreuzte sich mit dem Blick Jesu, und von den Strahlen, die aus seinem Herzen strömten, tief getroffen, erkannte er auf einmal die Lebensreinheit und die tiefgründige Güte des Herrn. Höchstwahrscheinlich war dies das erste Mal in seinem Leben, wo er etwas so Reines und Gutes erfuhr. Diese Erfahrung öffnete sein Herz plötzlich zum Verstehen übersinnlicher Wirklichkeiten, so dass der Heilige Geist in seiner Seele wirken konnte. Dismas erkannte in Jesus den Messias. Sein sündhaftes Leben zog in Sekundenschnelle vor seinen Augen wie ein Film vorüber und er bereute es zutiefst. Und Jesus versprach ihm das Paradies, und zwar sofort. Darüber kann man nur staunen. Einem vermutlich mehrfachen Mörder verspricht Jesus den Himmel! Jedoch nicht, indem

---

56 Lk 23,43

er „*Schwamm drüber*" sagt, sondern weil der Verbrecher, von der Liebe Jesu tief berührt, klar einsieht, dass er Unrecht, ja Böses getan hat, und dass er dadurch diesen Jesus am Kreuz, in dem er nun den Messias erkennt, betrübt hat. Ja noch mehr: Er erkennt, dass Jesus stirbt, um ihn von seiner Schuld zu befreien. Und das hat ihn „*umgehauen*". Das hat ihn zur Umkehr gebracht. Würde er noch einmal geboren werden, würde er bestimmt alles vermeiden, was den guten Gott, den er erst bei seinem Tod richtig erkannt hatte, betrüben könnte.

Die Geschichte des guten Schächers wiederholt sich millionen-, ja milliardenfach im Laufe der Geschichte der Menschheit. Erst beim näheren Kontakt mit Gott im Augenblick des Todes flammt bei vielen Menschen, egal wie ihr Leben verlaufen ist, reinigende Liebesreue auf: Sie haben zu Lebzeiten zwar gesündigt, ja sogar möglicherweise schwer gesündigt und vielleicht ein echt widerliches Leben geführt, doch sie haben bei ihrem sündhaften Leben möglicherweise eines nicht beachtet, bzw. nicht genügend tief beachtet, nämlich, dass sie durch ihre Sünden und Gräueltaten nicht nur Unrechtes getan, sondern auch und vor allem Gott betrübt haben, den sie gerade jetzt als den Liebenden schlechthin erfahren. Und das tut ihnen dann in der Seele weh. Das ist Reue, und diese Reue vergilt Gott mit Erbarmen.

Es ist eine erfreuliche Nachricht zu hören, dass viele Menschen, die sich im Lauf ihres Lebens von Christus entfernt haben, in letzter Sekunde doch zu ihm zurückfinden. Nun ist es aber so, dass die meisten Menschen noch keinen Zugang zu Jesus Christus haben.[57] Was ist nun mit diesen? Sie kennen

---

[57] Die Weltbevölkerung umfasste im November 2019 rund 7,75 Milliarden Menschen. Die Zahl der Katholiken weltweit beträgt lediglich 1,3 Milliarden, die der Protestanten 900 Millionen; Quelle: https://de.statista.com/statistik/daten/studie/1716/umfrage/entwicklung-der-

Christus nicht, wie können sie sich zu ihm bekehren? Wie können sie Reue darüber empfinden, Jesus Christus mit ihren Sünden betrübt zu haben, wenn sie ihn gar nicht, bzw. nur oberflächlich kennen? Ja, sie kennen Jesus nicht, das ist wahr, doch es gibt auch ein sittliches Naturgesetz, das im Herzen eines jeden Exemplars der Gattung „*Mensch*" wirkt und dauerhaft verkündet: *„Du sollst das Gute tun und das Böse meiden."* Und es gibt auch ein Gewissen, das jeden Menschen, selbst wenn Christus ihm völlig unbekannt ist, zwischen Gutem und Bösem unterscheiden lässt. Auch solche Menschen liebt Gott, und darum wird er auch ihnen eine wie auch immer geartete Chance geben, ihre Verfehlungen gegen das sittliche Naturgesetz zu bereuen. Wie das vor sich gehen soll, wissen wir nicht. Ich kann mir aber gut vorstellen, dass Gott ihnen im Augenblick des Todes die Augen dafür öffnet, dass dieses sittliche Naturgesetz keine willkürliche Verordnung war, sondern sozusagen ein Liebesbrief eines Großen, in dem sie schlussendlich den guten Gott erkennen. Auf diesem Wege erhalten auch diese Menschen in letzter Sekunde die Chance, Liebe zu diesem guten Gott zu empfinden, von dem sie bis dato nichts, bzw. eher wenig wussten. Die Geschichte des guten Schächers, der erst in letzter Sekunde seines Lebens Gott in Jesus entdeckte und seine Verbrechen bereute, könnte helfen, die innere Welt unzähliger Menschen zu erfassen, die ein Leben lang ohne Gott gelebt haben und ihm sozusagen erst im letzten Atemzug begegneten.

Aus all dem, was wir bis jetzt betrachtet haben, erkennen wir, dass die Reue für die Vergebung der Sünde ausschlaggebend ist. Was ist Reue? Wie soll sie geartet sein, um die Vergebung der Sünden zu bewirken? Die Reue des guten

---

weltbevoelkerung/, Letzter Zugriff 19.6.2020

Schächers am Kreuz war mehr als nur eine Folge der Einsicht, Böses getan zu haben, seine Reue meint vor allem den Seelenschmerz, den er darüber empfand, Jesus betrübt zu haben. Die Einsicht über die menschliche Ungerechtigkeit der eigenen Handlungen – so wichtig und so notwendig sie auch ist – genügt nicht, um jene Reue zu haben, die letztlich zur Vergebung der Schuld führt. Die erforderliche Reue ist die Folge des Schmerzes, Gott betrübt zu haben, den man nun als den Liebenden schlechthin erkennt. Dieser Schmerz, der in der Seele wie ein stark flammendes Feuer wirkt, ist ein ganz einmaliger, einzigartiger Schmerz. Er entsteht spontan in dem Menschen, der auf einmal erkennt, dass er nicht nur Unrechtes und sogar vielleicht Gemeines getan hat, sondern dass er sich gegen diesen guten Gott versündigt hat, der ihn offenbar leidenschaftlich liebt.

Gott reicht jedem einzelnen Menschen die Hand, damit er sich erlösen lässt. Mit seiner väterlichen und mütterlichen Zuwendung stellt er ihm im Laufe seines Lebens und ganz konkret und intensiv in seiner Todesstunde sämtliche Mittel zur Verfügung, damit er sich bekehrt und gerettet wird. Wenn er auf die Erde gekommen war, damit alle Menschen gerettet werden[58], wie könnte er gerade im Augenblick des Todes nicht alles versuchen, damit jeder Sterbende doch noch das Ziel erreicht? Das bedeutet aber auch, dass ein jeder, spätestens im Augenblick des Todes, die Chance bekommt, seine Sünden zu bereuen und sich erlösen zu lassen. Zeugnisse von Nahtoderfahrungen scheinen zu bestätigen, dass Gott den Sterbenden nicht allein lässt.

Wie der Sünder im Augenblick seines Todes zur Reue finden kann, ist nicht schwer zu begreifen. Gott selber lässt

---

58 Vgl. 1 Tim 2,4

über ihn ein Licht aufgehen, in dem er selbst sieht, wie es in seinem Leben eigentlich war. Ihm wird es wie Schuppen von den Augen fallen, er begreift seine Gemeinheit, und es tut ihm weh, getan zu haben, was er niemals hätte tun sollen. Da wird sein Herz wie von einem Pfeil getroffen, denn er erkennt dann, dass er lieblos gegenüber diesem guten Gott war, der ihn aus Liebe erschaffen und ihn ein Leben lang begleitet hat. Der Sterbende begreift in einem Augenblick – und das ist für das Erwecken von Reue maßgebend – dass Gott durch seine Lieblosigkeit sehr gelitten hat, so wie ein Liebender angesichts der Gleichgültigkeit des Geliebten unsäglich leidet, zugleich wird er auch begreifen, dass er ihm auch dann nicht böse war, sondern auf seine Rückkehr hoffte, wie der Vater des verlorenen Sohnes. Es wird ihm wehtun, einsehen zu müssen, dass dieser gute Gott sich oft auf den Weg gemacht hat, um ihn an sich zu ziehen, und dass er dies abgelehnt hat. *„Er kam zu den Seinen, aber die Seinen nahmen ihn nicht auf"*, heißt es im Johannesevangelium.[59]

Wenn dies einem Sterbenden klar wird, bekommt er die Chance, ein weiterer Dismas zu werden.

Die Reue, die wirklich heilt, entsteht beim Anblick Jesu. Diese Reue ist eine übernatürliche Reue, d.h. sie wird vom Heiligen Geist angeregt, sie ist gleichsam die Antwort auf die soeben gewonnene Erkenntnis, dass man diesen guten Jesus durch die eigenen Sünden tatsächlich bekümmert und ihm Leid zugefügt hat. Es gibt ein Wort im Matthäusevangelium, das zwar wörtlich Juden jener Zeit meint, im tieferem Sinne jedoch jeden einzelnen Menschen in den Blick nimmt, der sich der liebenden Zuwendung Gottes entzieht: *„Jerusalem, Jerusalem ... wie oft wollte ich deine Kinder um mich sammeln,*

---

59 Joh 1,11

so wie eine Henne ihre Küken unter ihre Flügel nimmt, aber ihr habt nicht gewollt."[60]

Aus diesen Überlegungen geht quasi als Fußnote etwas hervor, das nicht nur bei der Sterbestunde des Menschen von großer Bedeutung ist, sondern auch zu Lebzeiten eine starke Strahlkraft entwickelt, nämlich, dass das *„religiöse Potenzial"* des Christentums wie auch die *„religiöse Verwirklichung"* des Christen erst mit dem Kennenlernen der Person Jesu Christi möglich sind. Und darum ist der Umgang des Menschen mit Jesus absolut notwendig, um das Christsein richtig zu leben. Ohne diesen Umgang fällt das religiöse Leben zusammen und es läuft nichts mehr. Wer als Getaufter keinen persönlichen Umgang mit Jesus Christus pflegt, bei dem sind die religiösen Handlungen letztlich nur Fassade, potemkinsche Dörfer, reine, entleerte religiöse Gewohnheitshandlungen. Und das hält auf Dauer nicht. Und so lernen wir, dass in Zeiten der religiösen Krisen, sowohl in der Kirche als solcher, als auch in der Gestaltung des persönlichen christlichen Lebens eines jeden von uns, der einzige Weg, um die Krise zu überwinden, der Rückweg zu Christus ist. „Zurück zu Jesus!", heißt dann die Devise. Mit ihm das Leben gestalten, Umgang mit ihm pflegen, ihn immer tiefer kennen lernen, sich meditierend in die Szenen des Evangeliums hineinversetzen, die Geschehnisse der Evangelien auf die eigene aktuelle Situation übertragen! Das ist der Weg![61] Wenn wir uns auf diesen Weg begeben, werden wir lernen, von Jesus her zu denken und zu handeln, noch mehr: Wir werden sogar die Gefühle Jesu wahrnehmen, wir werden mitbekommen, wie er auf die verschiedenen Ereignisse, Geschehnisse und Situationen reagiert hat, mit

---

60 Mt 23,37

61 „Ich bin der Weg", sagte Jesus über sich selbst: Joh 14,6

denen er auf Erden konfrontiert wurde, und wir werden schließlich begreifen, dass der Lebensstil Jesu, wie wir ihn in den Evangelien vorfinden, unsere persönliche Lebensart prägen soll; mit einem Wort: Wir werden das Christsein neu entdecken. Und wir werden dann so zu leben versuchen, dass wir, statt Gott zu betrüben, ihm Freude bereiten. Und wenn wir unmittelbar nach unserem Tod Jesus zum ersten Mal von Angesicht zu Angesicht sehen werden, dann wird der Herr sich über uns freuen, wie er sich damals riesig freute, als Maria nach einem äußerst gelungenen irdischen Leben in den Himmel aufgenommen wurde. Der Herr wird uns dann voller Freude empfangen, uns an sich drücken und sagen: *„Schön, dass du da bist. Willkommen zu Hause."*

Kapitel VII.

Über die Vergebung der Sünden

Gehen wir nun zurück zum Thema der Beschaffenheit der Reue, jener Reue, die die Barmherzigkeit Gottes sozusagen geradezu aktiviert. Was geschieht im Menschen, wenn Gott sich seiner erbarmt und seine Sünden vergeben werden? Unser Glaube sagt – und unser Verstand, vor allem aber unser Herz, können die Schönheit und Erhabenheit dieses Vorgangs vollauf bestätigen –, dass durch die Barmherzigkeit Gottes dem reuigen Sünder seine Sünden tatsächlich vergeben werden. Was heißt das konkret? Heißt das, dass es nach der Vergebung so wird, als hätte der Sünder die Sünde nicht begangen? Natürlich nicht. Dass dem Sünder die Sünde vergeben wird, heißt, dass ihm die Schuld geschenkt wird, nicht jedoch, dass die Sünden ungeschehen gemacht werden. Die Schuld, die der Sünde erwächst, ist weg, sie ist nicht mehr existent. Was ist aber die Schuld? Schuld ist das, was man zurückzahlen muss. Wenn einem die Schuld geschenkt wird, braucht er nichts zurückzahlen. Das ist einsichtig. Er ist frei. Zwischen dem Schuldner und dem Gläubiger liegt nichts mehr dazwischen. Im Gleichnis vom barmherzigen König und unbarmherzigen Mitknecht[62] behandelt Jesus ausführlich das Thema der Schuld und der Vergebung. Wenn wir über dieses Gleichnis nachdenken, fällt uns als Erstes auf, dass der schuldige Knecht nicht in der Lage ist, dem König die Schuld zu bezahlen. Sie ist

---

62 Vgl. Mt 18,23-35

zu groß. Darum heißt es im Psalm 130,3: „*Würdest du, Herr, unsere Sünden beachten, Herr, wer könnte bestehen? Doch bei dir ist Vergebung.*" Gott ist so groß, dass er im Umgang mit den Menschen die Gerechtigkeit in Liebe verwandelt. Was unmöglich ist – das Aufwiegen der Schuld – wird doch durch die Barmherzigkeit des extrem liebenden Gottes möglich. Es gibt ein Wort vom Papst Franziskus, das dies auf den Punkt bringt: „*Die Botschaft Jesu ist die Barmherzigkeit. Für mich, und das sage ich in aller Demut, ist dies die stärkste Botschaft des Herrn.*"[63] Damit hat unser Papst, wie ich denke, ins Schwarze getroffen, denn die Zweite Person der Dreifaltigkeit ist ja nicht auf die Erde gekommen, um eine penible, kalte Gerechtigkeit einzuführen, sondern um uns voller Empathie klar zu machen, dass wir keine zufälligen Produkte einer blinden Evolution sind[64], sondern gezielt gewollte Menschen[65], die er wie ein Vater, ja wie eine Mutter, liebt.[66] Und gerade dies, dass wir Kinder Gottes sind, prägt unser Verhältnis zu Gott. Wir sind keine bloßen Geschöpfe, wir sind Kinder, und Kinder sind keine Fremden. Zum Verhältnis des Vaters bzw. der Mutter zum Kind gehören nicht nur Gerechtigkeit, Recht und Ordnung, dazu gehören auch und vor allem Wärme, Verständnis, Mitleid, Zuneigung, Liebe, ja Anhänglichkeit.

Als es dem Knecht unseres Gleichnisses klar wurde, dass er nicht in der Lage war, seine Schuld zu bezahlen, „*fiel er vor dem König auf die Knie und bat: Hab Geduld mit mir! ... Der Herr hatte Mitleid mit dem Diener, ließ ihn gehen, und schenkte ihm*

---

63 Predigt am 17.03.2013

64 Vgl. Benedikt XVI. Verlautbarungen des Apostolischen Stuhls, Nr. 168, S. 35

65 Vgl. Eph 1,4

66 Vgl. 1 Joh 3,1

die Schuld".[67] Und genauso ist es zwischen dem Sünder und Gott. Der Sünder kann die Sünde nicht wiedergutmachen, ihm tut es aber leid, sie begangen zu haben und dadurch den Herrn betrübt zu haben. Es reut ihn, gesündigt zu haben. Der Herr hat Mitleid mit ihm und vergibt ihm die Schuld bis auf den letzten Cent. Und so kommt es, dass nach der Vergebung durch Gott gar keine Schuld mehr da ist. Zwischen Gott und dem Menschen läuft wieder einmal eine Gerade, es ist alles wieder in Ordnung. Gott ist ja nicht nachtragend, das Alte ist vergangen, eine Liebesbeziehung in Dankbarkeit zu Gott bahnt sich dann im Herzen des Schuldners an, der, von der Güte des Herrn überwältigt, eine innige Zuneigung zu ihm spürt.

Und nun wieder einmal die Frage: Wird für den gewesenen Sünder nach der Vergebung seiner Schuld alles wieder so, wie es vor der Sünde war? Nein, so ist es nicht, denn das Geschehene kann nicht ungeschehen gemacht werden. Zwar ist für den gewesenen Sünder mit dem Schulderlass das Gröbste aus der Welt und er kann wieder in Freiheit atmen, wie auch – und das ist der Clou der Vergebung! – einen neuen, unbeschwerten, ja sogar freundschaftlichen Umgang mit Gott beginnen. Doch seine Biografie wird durch die Vergebung nicht gelöscht. Wie soll man das verstehen? Ist die Vergebung durch Gott nicht allumfassend? Doch, nur – wie könnte ich das erklären? Vielleicht so: Man stelle sich vor, wir haben Schulden auf der Bank, ein guter Freund hat es erfahren und, weil er ein reicher Mensch ist, hat er eine passende Überweisung an die Bank getätigt, so dass wir ab dann schwarze Zahlen auf dem Konto haben. Das ist natürlich großartig und wirkt auf alle Fälle befreiend, doch das bringt nicht mit sich, dass die Fehltritte

---

67 Mt 18,26-27

der Vergangenheit, die zum finanziellen Kollaps geführt haben, ungeschehen gemacht werden. Die Überweisung hat sie unschädlich gemacht, doch manche Folgen, die sich aus der damaligen Geldknappheit ergeben haben, sind nicht aus der Welt. Nehmen wir an, der in Geldnot geratene Mensch verfiel in seiner Niedergeschlagenheit in eine tiefe Depression. Die Überweisung des Freundes befreit ihn wohl von den Schulden, nicht jedoch von der Depression. Dass es so ist, schmälert die Großzügigkeit des Freundes, der die Überweisung getätigt hat, gar nicht. Der Betroffene muss aber sehen, dass er die Nebenerscheinung der Depression bekämpft. Erst dann ist er richtig wieder da.

Wir fassen zusammen: Auch nach dem Erlass der Schuld durch Gott bleiben im Menschen manche Folgen der inzwischen vergebenen Sünde wirksam. Sie sind lediglich übrig gebliebene Folgen der damaligen Sünde, die aus der sündhaften Handlung direkt hervorgehen. Man könnte sich fragen: Warum verschwinden diese Konsequenzen der sündhaften Biografie nicht gleich mit der Vergebung der Sünde? Die Frage ist verführerisch, die Antwort sachlich: Die Vergebung der Sünde ist ein Vorgang der sittlichen Ordnung (*„du schuldest mir etwas, ich schenke dir die Schuld, zwischen uns beiden ist alles wieder in Ordnung"*), das Verschwinden der aus der sündhaften Handlung hervorgegangenen Konsequenzen gehört der physischen Ordnung an, der Ordnung der Natur. Eine Vermischung beider Ordnungen würde deren Eigenständigkeit zuwiderlaufen, führte zur Willkür und wäre zudem ungerecht. Ein weiteres Beispiel möge uns helfen, dies tiefer zu erfassen: Man sagt, der hl. Augustinus habe vor seiner Bekehrung zwei uneheliche Kinder gezeugt. Er hat es später tief bereut, Gott vergab ihm die Sünden und schenkte ihm die (moralische) Schuld, dadurch waren allerdings die sicherlich nicht kleinen Probleme, die mit der Geburt der beiden Kinder zusammenhingen, nicht aus der Welt; man denke nur an die Versorgung der Mütter, an deren bestimmt schwierige Lage, auch vom Affektiven her, das alles ist zunächst einmal belastend geblieben.

Beide Ordnungen, die moralische und die natürliche, sind, wie man sagt, zwei Paar Schuhe. Eine Vermischung beider Ordnungen käme einem Übergriff der moralischen auf die physische gleich. Die physische Ordnung folgt in ihrem Verlauf festen Gesetzen, die der Schöpfergott in die Natur der jeweiligen Vorgänge eingesenkt hat und die unweigerlich zur Erfüllung drängen. Natürlich kann Gott, der der Schöpfer der Natur ist, diese Gesetze außer Kraft lassen. Das tut er gelegentlich, z.B. wenn er ein Wunder wirkt. Wunder sind aber die Ausnahme. Was Gott garantiert nicht tut, ist die Ausnahme zur Regel zu machen. Wenn er es täte, dann könnte man sich überhaupt nach dem Sinn der Gesetze fragen. Dass ein Übergriff der moralischen auf die physische Ordnung wirklich nicht geht, kann auch das folgende Beispiel weiter verdeutlichen: Wenn ein reuiger Alkoholiker beichtet, wieder einmal über den Durst getrunken zu haben, und er es wirklich bereut, so vergibt Gott ihm die Sünde auf alle Fälle; das bedeutet, dass er wegen dieser konkreten, einmaligen Sünde keine moralische Schuld mehr hat, die Neigung zum Alkohol bleibt jedoch bestehen. Der Beichtstuhl ist ja keine Entzugsanstalt, sondern ein Ort, in dem die Barmherzigkeit Gottes den Sünder persönlich erreicht, ein Ort, in dem der Sünder sich mit Gott versöhnen lässt.

Wir fassen zusammen: Mit der Vergebung der Sünde wird dem Sünder zwar die Schuld vor Gott genommen, es bleiben jedoch physische, bzw. materielle Konsequenzen der Sünde zurück, die auf den gewesenen Sünder immer noch auf irgendeine Weise einwirken bzw. einwirken können. Im Falle des Alkoholikers ist das die Neigung zum Alkohol, gegen die er kämpfen muss, was im Übrigen nicht ohne Anstrengung möglich ist. Der wirklich reuige und einsichtige ehemalige Sünder – der Trinker – sieht in der nunmehr nötigen Anstrengung des Alkoholverzichts eine ganz konkrete Form, für seine inzwischen vergebene Sünde Buße zu tun. Er nimmt diesen Kampf gelassen an und ist froh, auf einem guten Weg zu sein. Und wenn er einmal und wieder einmal fällt, erlebt er sich dann als schwaches Kind Gottes des Vaters, den er durch sein erneutes Hinfallen betrübt hat, und nimmt sich vor, ihm bei der nächsten Versuchung die Freude zu schenken, ihr zu widerstehen. Und irgendwann wird er über den Berg sein.

Manche zwangsläufigen Folgen von bereits vergebenen Sünden begleiten den ehemaligen Sünder eine Zeitlang nach der erfolgten Vergebung, manchmal länger, ja sogar bis zum Tod und darüber hinaus. Außer dem Beispiel des Trinkers, das wir soeben besprochen haben, möchte ich noch einige weitere Beispiele von Sündenfolgen kurz erwähnen, die nach der Vergebung der Schuld durch Gott im gewesenen Sünder dennoch bleiben bzw. bleiben können.

Es ist eine Erfahrungstatsache, dass es heute viele Menschen gibt, die erst als Erwachsene zu Gott finden. Sie haben Jesus entdeckt und sind begeistert. Manche unter diesen Neubekehrten waren zwar schon Christen, doch sozusagen nur auf dem Papier und hatten sich von der Kirche abgewandt, manche sogar waren aus der Kirche ausgetreten. Egal, ob sie Gott gar nicht kannten, oder nur oberflächlich mit ihm umgingen, sie erleben auf einmal eine ganz neue Welt, die Welt der Freundschaft mit Gott. Sie staunen voll Dankbarkeit und Ergriffenheit über Gott, über Jesus und über seine Botschaft. Sie sind Feuer und Flamme für Jesus und für seine Kirche.

Mitten in der Freude, sich nun auf dem richtigen Lebensweg zu wissen, kommt oft vor, dass ihnen der Gedanke in den Sinn kommt, durch ihre frühere Gottesferne bzw. durch ihre religiöse Oberflächlichkeit oder gar Interesselosigkeit haben sie nicht nur konkret gesündigt, sie haben zudem Jesus bei der Verwirklichung seines Auftrags unter den Menschen – das Evangelium zu verkünden – allein gelassen, nicht ihre Schulter hingehalten. Manche unter ihnen waren, wie gesagt, zwar getauft, sie erfüllten sogar manche religiösen Andachtsübungen, unterhielten jedoch keinen wahren persönlichen Umgang mit Jesus Christus. Jesus war für sie höchstens nur Jemand, der da oben ist, *„wo die Sterne leuchten"*.[68] Mehr aber nicht. Sie haben für Jesus und für die Kirche im Grunde nichts getan. Sie haben nur empfangen. Papst Franziskus hat sie einmal *„Sofa-Christen"*[69] genannt. Kein Wunder, dass sie, wenn sie nun zu Christus gefunden haben, es tief bereuen, bis zu ihrer Bekehrung nichts oder sehr wenig für die Weitergabe des Glaubens getan zu haben. Ja, sie wissen, Gott hat ihnen ihre Sünden wohl vergeben, und dennoch bleibt in ihrer Seele der Beigeschmack der früheren Oberflächlichkeit und der Interesselosigkeit für die Dinge Gottes. Auch bleibt die Befürchtung, wenn nicht sogar die Gewissheit, durch die eigene Sündhaftigkeit andere Menschen zur Sünde verführt zu haben. Was tun? Eines darf man sicher auf gar keinen Fall tun, nämlich, die Erkenntnis der früheren Oberflächlichkeit und Sündhaftigkeit zu einer quasi traumatischen Sorge

---

68 Josefmaria Escrivá, Der Weg, Nr. 267

69 Papst Franziskus zu Jugendlichen beim WJT in Krakau, April 2016: „Wir sind nicht auf die Welt gekommen, um zu vegetieren, um es uns bequem und aus dem Leben ein Sofa zu machen, sondern um im Leben Spuren zu hinterlassen und uns für den Glauben und die Gesellschaft zu engagieren."

werden zu lassen! Am besten dreht man den Spieß um, und zwar so, dass sich die Erinnerungen an die Sünden von früher in Gelegenheiten verwandeln, sich vertrauensvoll und ohne Angst in die Arme dieses guten Gottes zu werfen, der seine Barmherzigkeit bereits unter Beweis gestellt hat. Er überlässt Gott seine Vergangenheit und aus dem tiefen Frieden, der sich dann seiner Seele bemächtigt, wächst ein tiefer Wunsch, sich jetzt erst recht mehr für die Sache Gottes einzusetzen. Ein Wunsch, in dem viele eine Berufung Gottes erkennen, von da an zusammen mit ihm durch die Straßen des eigenen Lebens zu gehen.

Noch eine weitere Folge von bereits vergebenen Sünden, die auch nach deren Vergebung nachwirkten, möchte ich hier anführen, und zwar die gelegentlich oder gar oft gespürte Neigung gerade zu den Sünden, derer man vor der Bekehrung frönte. Man will sie nicht, doch der Körper, bzw. der Geist verlangen danach. Für den, der sich nach einer Bekehrung ganz für Gott entschieden hat, ist es auf jeden Fall lästig, diese Neigung zur Sünde zu spüren, denn er will mit der Sünde ja gar nichts mehr zu tun haben! Und es kann sein, dass er sich dann fragt, warum es so sein muss, er habe ja seine Sünden bereut, Gott habe sie ihm vergeben, es sei also alles in Ordnung. Warum das denn nun, dieses Anklopfen der sündhaften Neigung? Ja, sicher! Es ist alles in Ordnung, doch die Sünde hat Folgen hinterlassen, die die Vergebung, wie schon mehrmals gesagt, nicht löscht, weil es völlig unnatürlich wäre.

Wenn der Betroffene dann in sich geht, dann wird ihm klar, dass das Unangenehme der Versuchungen zum Bösen, die er jetzt spürt, ihm im Grunde zu einer immer tieferen Dankbarkeit zu diesem barmherzigen Gott verhelfen kann, der ihm seine Sünden vergeben hat. Das Unangenehme der Versuchung nimmt der Betroffene dann als Buße für seine inzwischen längst vergebenen Sünden an. Und der Teufel ärgert sich.

Nun soweit über die Situation jener Menschen, die zu Lebzeiten die Vergebung Gottes erfahren haben, wenn auch manche Folgen der Sünde zurückgeblieben sind. So viele diese Menschen auch sind, noch größer ist bestimmt die Zahl derer, die kurz vor dem Tod oder gar erst in ihrer Sterbestunde zu ihrer persönlichen Bekehrung und zur Vergebung ihrer Sünden finden. Wie steht es mit diesen Menschen? Den reuigen Menschen werden ihre Sünden gewiss vergeben, wie ist es aber mit den zwangsläufigen Folgen ihrer Sünden, die sie im Gegensatz zu denen, die zu Lebzeiten zu Gott gefunden haben, nicht mehr haben tragen können, weil sie sich erst zum Zeitpunkt ihres Todes oder kurz davor zu Jesus Christus bekehrt haben? Der Sinn für Gerechtigkeit, den sie mit der Vergebung ihrer Sünden sicherlich miterhalten haben, lässt sie einsehen, dass sie noch der Reinigung bedürfen. Diese Reinigung können sie auf Erden nicht mehr schaffen, sie haben ja keine Zeit mehr! Ich würde die Situation dieser Menschen mit der eines Patienten vergleichen, bei dem eine Operation gerade gelungen ist. Nach dem Eingriff – gemeint ist die Vergebung der Sünden durch Gott – bleiben in dem Patienten noch einige alte Verletzungen und Verkrustungen und Komplikationen, die es erforderlich machen, eine Reha zu besuchen, bis sein Gesundheitszustand optimal ist. Dann erst darf er nach Hause gehen, in den Himmel. Übrigens ist die Dauer der Nachbehandlung in der Reha nach der Operation je nach Ausgangslage verschieden. Manche Patienten brauchen länger, andere dagegen kürzer. Es kommt – wenn ich das so sagen darf – auf die eigene Biografie an.

Und wie läuft diese Nachbehandlung in der Reha des Fegefeuers? Sie muss den Patienten völlig gesund machen! Denn

– um in die Herrlichkeit des Himmels einzutreten, muss der Mensch ganz rein sein. Er muss ja das Hochzeitsgewand angezogen haben.[70] Wie geht diese Reinigung im Fegefeuer konkret vor sich? So exakt können wir das natürlich nicht sagen, es leuchtet uns aber ein, dass es hier keineswegs um Vergebung von Schuld geht – das ist bereits geschehen! – es geht vielmehr um Heilung von Nebenwirkungen, die entfernt werden müssen, bevor man das „*Hochzeitsgewand*" anlegen darf, um in den Hochzeitssaal einzutreten. Und diese Nebenwirkungen sind die alten Sündenfolgelasten, die rein individuell sind, sich also nicht verallgemeinern lassen, sondern gezielt angegangen werden müssen.

So lange der Mensch am Leben ist – ich darf an den Fall des Alkoholikers erinnern –, muss er sich persönlich einsetzen, um die Sündenfolgelasten abzutragen. Nach dem Tod jedoch ändert sich die Situation grundlegend, denn dann kann der Mensch nichts mehr für sich selbst tun, er ist ja tot! Wie werden diese Menschen gereinigt? Wie von ihren Wunden geheilt? Sie haben Jesus gleich nach dem Tod zum ersten Mal direkt gesehen von Angesicht zu Angesicht[71] und dieser Anblick hat sie fasziniert. Sie haben erkannt, er ist der Erlöser, der Freund, er ist der Geber aller guten Gaben, er ist der Sinn des Lebens. Ein starker Drang nach Jesus meldet sich plötzlich in ihrer Seele. Die Szene am Grab Jesu, als Maria Magdalena den Herrn wiedererkennt und den unbändigen Drang spürt, ihn zu berühren, kann uns helfen zu begreifen, was diese Menschen in dieser Stunde empfinden. Die Sehnsucht nach Jesus ist fast unerträglich, so stark ist sie! Und doch sagt ihnen ihr Gewissen, da ist noch eine alte Rechnung zu begleichen. Sie

---

70 Vgl. Mt 22,11

71 1 Kor 13,12

gehen also gerne zum Ort der Reinigung, wo sie desinfiziert werden, und nehmen den Schmerz an, Jesus noch nicht unmittelbar für immer begegnen zu dürfen – obwohl sie sich so unbändig stark nach ihm sehnen – als Buße für die Folgen der von ihnen zu Lebzeiten begangenen Sünden. Sie begreifen ja, dass es die Folgen ihrer Sünden sind, was sie daran hindert, Jesus schon nahe zu sein. Die Sehnsucht nach Jesus brennt in ihnen, sie können das Feuer nicht löschen.

Diese Menschen, die sich nach dem Tod aus eigenem Antrieb zur Behandlung an den Ort der Reinigung begeben, nennen wir *„die Armen Seelen im Fegefeuer"*. Das Fegefeuer ist ein Ort der Hoffnung. Denn die Menschen dort wissen, dass sie irgendwann ganz gereinigt sein und zur ersehnten Begegnung mit Jesus Christus gelangen werden. Nur wissen sie nicht, wann das sein wird, zumal sie – sie sind ja tot! – nichts mehr zu ihren Gunsten tun können.

Nun fragen wir uns weiter: Wie läuft es mit der Entlassung aus dem Fegefeuer? Die Armen Seelen im Fegefeuer sind wie Patienten, die nichts mehr tun können, als sich nur behandeln zu lassen. Ich stelle mir vor, dass es im Fegefeuer – ähnlich wie in einem Krankenhaus – eine ganze Reihe von Tropfen mit den verschiedensten Substanzen gibt, die die Sündenaltlasten beseitigen. Jeder Patient muss sich an den Tropf hängen lassen, durch den die Substanzen fließen, die die Wurzeln seiner konkreten Sünden auslöschen. Es gibt dort, im *„Fegefeuer"*, unheimlich viele Tropfe, so viele wie Sündenarten. Wie lange die Behandlung dauert, hängt von der jeweiligen Biografie ab. Bei einigen wird es länger dauern, weil die bereits vergebenen Sünden doch größere Altlasten hinterlassen haben, bei anderen jedoch weniger. Die heilende *„Flüssigkeit"*, die durch den Tropf fließt, ist der Erlöserwille Jesu, wie auch derjenigen, die bereits im Himmel sind. Das sind ja vor allem Maria, Josef und die Heiligen und die Schar der Engel. Denn sie alle sind ja Mitarbeiter Jesu bei der Verwirklichung der Erlösung. Die Tropfe im „*Fegefeuer*" haben verschiedene Geschwindigkeiten: die normale und die schnellere. Die erste ist stets eingeschaltet, die Heilung der Sündenaltlasten schreitet also ununterbrochen planmäßig fort. Die schnellere Geschwindigkeit wird nach Bedarf betätigt. Das geschieht, wenn eine größere Zufuhr des Heilmittels angeordnet wird. Wer kann das anordnen? Und wann kann das geschehen? Anordnen kann das nur der Chefarzt, das ist der Heiland, Jesus. Wann er dies anordnen will, entzieht sich unserer Kenntnis, denn dies geschieht ja nach der Logik Gottes, die anders funktioniert als die Logik der Menschen. Und dennoch sind wir in der Lage, einiges über die Art und Weise zu sagen, wann die schnellere Darreichung der Heilmittel geschieht.

Aus der Heiligen Schrift wissen wir, dass es Gott gefällt, dass man für die Toten betet.[72] D.h. Gott will, dass man für die Verstorbenen betet. Das Gebet der Gläubigen aktiviert offenbar die schnellere Darreichung der Heilmittel zugunsten der Armen Seelen im Fegefeuer. Da fragt man sich: Ist das wirklich nötig, dass die Christen für die Verstorbenen im Fegefeuer beten? Warum denn eigentlich? Die Bewohner des Fegefeuers sind alle auf gutem Weg, Gott will sie sowieso irgendwann in den Himmel holen – warum also beten? Gott weiß schon, was er machen will! Und dennoch: Das Gebet für die Verstorbenen gefällt Gott, und zwar deswegen, weil es augenfällig zeigt, dass das gläubige Volk sich um das geistliche Wohl jener Brüder und Schwestern im Glauben kümmert, die das Zeitliche bereits gesegnet haben. Gott will, dass man für die Verstorbenen betet, weil dieses Gebet Ausdruck der Solidarität innerhalb

---

72 Vgl. 2 Makk 12,44-46

der Kirche ist, zu der auch die Verstorbenen gehören.[73] Kein Wunder, dass Gott die Gemeinschaft liebt, denn er selber lebt in einer Gemeinschaft – in der Dreifaltigkeit – und er hat die Kirche als eine Gemeinschaft des Glaubens und der Liebe gegründet. Es ist also nicht verwunderlich, ja, es ist sogar logisch, dass Gott sich angesprochen fühlt, wenn die Glieder dieser Gemeinschaft sich geistlich unterstützen, auch dass er dann den Bitten der Gläubigen für die Verstorbenen gerne entspricht. Die Entsprechung dieser Bitten folgt jedoch nicht den Regeln der menschlichen Gerechtigkeit, sondern anders. Wie könnte ich das erklären?

Vielleicht so: Gott ist gerührt, dass die Solidarität in der Kirche so gut läuft, dass man für die Verstorbenen betet, und zeigt sich verschwenderisch. Und es ist vor diesem Hintergrund nicht verwunderlich, dass er eine schnellere Heilung der Armen Seelen anordnet, wenn er von den Gliedern der Kirche diesbezüglich angesprochen wird.

Und – wie funktioniert das eigentlich, die Heilung dieser *„Sündenaltlasten"*, bzw. dieser zurückgebliebenen Verletzungen in der Person? Wir haben vorhin gesagt, an dem Tropf mit der heilenden Flüssigkeit gibt es zwei Geschwindigkeitstasten: die normale und die schnellere. Weil die normale Geschwindigkeit ununterbrochen läuft, so kommt es, dass der Einzug von Armen Seelen in den Himmel kontinuierlich ist. Wenn das Gebet der Kirche, d.h. der Gläubigen auf Erden wie auch der Heiligen im Himmel, besonders der Gottesmutter, das Herz Jesu erreicht – ich rede ja nur menschlich! –, dann wird die schnellere Taste betätigt, mit der Folge, dass dann umso

---

73 Das nennt man die „Gemeinschaft der Heiligen", das ist die spirituelle Gemeinschaft aller Getauften als Glieder der Kirche und Teil des mystischen Leibes Christi.

mehr Arme Seelen in die Freude des Himmels eintreten. Und das ist der Grund, warum Gläubige gelegentlich den Priester darum bitten, er möge Heilige Messen für die Verstorbenen feiern, denn die Heilige Messe ist ja die Gegenwärtigsetzung des Opfers Jesu am Kreuz, und durch das Kreuz Jesu sind wir erlöst worden.[74] „Messen bestellen", wie dies in der Umgangssprache heißt, ist also eine sehr gute Art, den Verstorbenen im Fegefeuer auf ihrem Weg in den Himmel zu helfen. Aber – wie funktioniert dies konkret? Wird die für einen bestimmten Verstorbenen im Auftrag gegebene Heilige Messe nur diesem extra erwähnten Verstorbenen zu Gute kommen? Der heilige Josefmaria Escrivá hat einmal auf eine wirklich einfallsreiche Weise eine, wie ich finde, zufriedenstellende Antwort auf diese Frage gegeben. Er sagte wörtlich:

„Ich stelle mir das Fegefeuer auf eine vielleicht nicht sehr theologische Weise vor, die mir aber hilft und meine Frömmigkeit nährt. Ich stelle es mir als einen Ort vor, an den die Seelen kommen, die vor ihrem Eintritt in den Himmel von ihren Sünden gereinigt werden müssen. ‚Sie stellen sich an', dem Ausgang umso näher, je weniger sie zu sühnen haben. Und wenn eine Fürbitte kommt, dann wird sie allen in gleicher Weise zugewendet. Warum soll die Seele eines Menschen, der viel Geld für Messen gestiftet hat, früher in den Himmel kommen, während die eines Armen warten muss, weil sie niemanden hat, der auf Erden für sie Fürbitten darbringt? Ich denke lieber, dass der Herr die Fürbitten auf alle aufteilt und dass alle Seelen im Fegefeuer gemeinsam einen Schritt

---

74 Vgl. 1 Petr 1,19: „Wir sind nicht um Silber oder Gold losgekauft, sondern mit dem kostbaren Blut Christi, des Lahmes ohne Fehl und Makel."

zum Ausgang tun. Das scheint mir mehr der Barmherzigkeit Gottes zu entsprechen."[75]

Ich teile dieser Auffassung voll und ganz, denn hierin kommt der Gedanke der Solidarität besonders gut zum Vorschein, mit dem wir uns soeben beschäftigt haben, als wir sagten, Gott höre gerne die Bitten der Kirche zugunsten der Verstorbenen, weil dieses Gebet ein Zeichen der Solidarität in der Kirche darstelle.

---

75 Betrachtungen VI, S. 376

Kapitel VIII.

Entscheidung für die Ewigkeit

Nun kehren wir zu der Betrachtung der Todesstunde des Menschen zurück. Dem soeben verstorbenen Menschen eröffnen sich mehrere Möglichkeiten des Weiterlebens. Denn kein einziger Mensch wird nach dem Tod aufhören zu existieren. Zwar wird der Körper in die Verwesung gehen, der Geist jedoch – und in ihm der Mensch – lebt weiter, denn, wie der hl. Thomas von Aquin einmal sagte, der Mensch lebt durch die Seele.

Einige der gerade Verstorbenen gehen sofort in den Himmel und bleiben für immer bei Gott. Wir nennen sie die Heiligen. Sie haben sich auf Erden aktiv um Kontaktfühlung mit Gott bemüht, sie haben versucht, mit Gott zusammen zu leben, ihm ähnlich zu werden, ihn bei der Verwirklichung der Aufgabe, das Evangelium zu verkünden, zu unterstützen. Zwar war es in den meisten Fällen nicht schon von Kindheit an so, irgendwann im Laufe des Lebens aber kam es zu einer Bekehrung, und ab dann war Gott für sie die Nummer eins ihres Lebens. Aber auch nach dieser Bekehrung – und davor erst recht – war ihre Beziehung zu Gott nicht immer einwandfrei und sie haben – meistens im Kleinen, oft aber auch im Großen – gesündigt, doch sie haben es tief bereut und Buße getan.

Diejenigen, die wir heute zurecht Heilige nennen, waren zeit ihres Lebens „*keine Heiligen*", sie waren keineswegs ohne Fehl und Makel. Sie selber haben sich als Sünder bezeichnet, denn sie waren davon überzeugt, es zu sein.[76] Und so lernen wir von diesen Menschen, dass die Heiligkeit, die im Übrigen von jedem Christen erwartet wird, nicht darin besteht, absolut sündenfrei zu leben, sondern darin, sich um eine immer innigere Beziehung zu Gott zu bemühen, zu der das Bewusstsein gehört, in Gott den barmherzigen Vater zu haben, der gerne verzeiht und den reuigen Menschen mit neuer Liebeskraft beschenkt. Wer derart vertraut mit Gott lebt, der ist frei von unnötigen Sorgen und kann sich umso ungestörter und zielgerichteter auf das Wesen des Christseins konzentrieren, nämlich Jesus Christus immer eingehender kennen zu lernen, ihn immer mehr zu lieben und ihn immer mehr Menschen bekannt zu machen.[77] Die Heiligkeit besteht also nicht darin, keine Fehler zu begehen, erst recht keine bösen Neigungen zu empfinden, sondern darin, Jesus Christus in das eigene Leben einziehen zu lassen, ihm dort eine Bleibe zu geben, und zusammen mit ihm den eigenen Alltag zu meistern.

Wie das Leben eines jeden dieser Menschen, die wir heute die Heiligen nennen, auch verlaufen sein mag, jeder einzelne wird am Ende seiner Zeit jene Worte Jesu im Gleichnis vom anvertrauten Geld gehört haben: *Sehr gut, du bist ein tüchtiger und treuer Diener. Du bist im Kleinen ein treuer Verwalter gewesen … Komm, nimm teil an der Freude deines Herrn.*[78]

Diese Worte zeigen deutlich, dass jeder Verstorbene beim Eintritt in die Ewigkeit vor Gottes Angesicht über seine Lebensführung Rechenschaft geben muss. In der theologischen

---

76 „Vor euch steht ein Mann, dem seine vielen Sünden vergeben wurden": Papst Franziskus im Juli 2015 vor Gefängnisinsassen in Bolivien

77 „Jesus begegnen, ihn lieben und dafür leben, dass er geliebt wird: Das ist die christliche Berufung": Johannes Paul II., Botschaft zum XVIII. Weltjugendtag, 08.03.2003

78 Mt 25,21

Sprache heißt dieses „*Revue-Passieren*" des eigenen Lebens mit abschließender Beurteilung das „*besondere Gericht*". Man hüte sich aber davor, sich dieses Ereignis in der äußeren Form einer menschlichen Gerichtsverhandlung vorzustellen. Das besondere Gericht ist die erste Begegnung des Menschen mit Jesus Christus, der für diesen einen Menschen, der soeben gestorben ist, sein Leben am Kreuz hingegeben hat. Das besondere Gericht desjenigen, der sich um Heiligkeit bemüht hat, stelle ich mir jedenfalls so vor, dass Jesus ihn mit ausgebreiteten Armen und einem breiten Lächeln willkommen heißt, ihn dann an sich drückt und ihn voller Freude zu der Wohnung begleitet, die er selber für ihn im Hause des Vaters liebevoll eingerichtet hat.[79]

Um die Erhabenheit dieser Stunde umfänglicher zu begreifen, kann es uns helfen, uns in die Szene der leiblichen Aufnahme Mariens in den Himmel zu versetzen. Man muss nicht übermäßig intelligent sein, um die unermessliche Freude nachempfinden zu können, die die Heiligste Dreifaltigkeit an diesem Tag erlebte. Denn diese Frau hatte mit ihrem Jawort die Erlösung der Menschheit ermöglicht, wodurch sie Mutter Gottes wurde und darum in eine tiefinnige Verbindung mit der gesamten Dreifaltigkeit eingetreten war.[80] Wie könnte Gott nicht über ihre Ankunft im Himmel jubeln, zumal sie mit ihrem schönen, verklärten Leib dort erschien? Mit welcher Freude wird Gott Maria den Himmel gezeigt haben, den sie noch nicht kannte! Und wie sehr und innig wird sich Maria

---

79 Vgl. Joh 14,2

80 In seinem Buch „Der Weg" geht der hl. Josefmaria Escrivá auf diesen einmaligen Umstand ein und schreibt: „Singe vor der unbefleckten Jungfrau: Gegrüßet seist du Maria, Tochter Gottes des Vaters, gegrüßet seist du Maria, Mutter Gottes des Sohnes, gegrüßet seist du Maria, Braut Gottes des Heiligen Geistes. Größer als du ist nur Gott!": Der Weg, Nr. 496

bei dieser ersten Begegnung mit Gott im Himmel von ihm geliebt gefühlt haben. Man kann es vielleicht so ausdrücken: Maria war trunken von Freude!

Und ungefähr nach dem gleichen Muster wird, denke ich mir, der Eingang derer in den Himmel vor sich gehen, die, weil sie heiligmäßig gestorben sind, oder nachdem sie im Fegefeuer gereinigt wurden, „*an der Himmelspforte anklopfen*", um es mit einem traditionellen, volkstümlichen Ausdruck zu formulieren. Sie werden mit himmlischer Empathie empfangen, ihnen wird das Himmelreich gezeigt und sie begreifen auf einmal, dass die Apotheose, die sie nun erleben, genau das ist, was Gott für sie seit der Erschaffung der Welt gewollt hat. Sie staunen nur und sind von dankbarer Liebe durchdrungen. Es hat wohl „*etwas länger gedauert*", bis es so weit war, doch Ende gut, alles gut! Und der Mensch wird sich – ich rede ja nur menschlich! – auf den Weg machen, das Leben in Fülle zu genießen, das Jesus Christus ihm durch seine Hingabe geschenkt hat. „*Ich bin gekommen, damit die Menschen das Leben haben und es in Fülle haben*"[81], hatte er damals schon gesagt, als er noch in sichtbarer Gestalt unter uns Menschen weilte.

Soweit über die Menschen, die gleich nach ihrem Tod in das Himmelreich eintreten. Andere Menschen – beträchtlich mehr als die, die direkt in den Himmel kommen – empfinden bei der Begrüßung des Herrn unmittelbar nach dem Tod, eine tiefinnige Freude und einen großen Seelenfrieden, denn sie erkennen auf Anhieb, dass Gott sich ihrer trotz ihrer Sünden erbarmt hat und dass sie darum doch in den Himmel dürfen. Voller Dankbarkeit und total ergriffen von der Güte und Barmherzigkeit Gottes spüren sie auf einmal eine unbändige Zuneigung zu ihm, die sie unheimlich stark zu ihm hinzieht.

---

81 Joh, 10,10

Ihr Gewissen macht ihnen jedoch klar, dass sie von ihren Sünden noch nicht genügend gereinigt sind, um im Hause des Vaters Platz zu nehmen, und darum begeben sie sich gerne an den Ort der Reinigung, ins Fegefeuer, damit sie baldmöglichst in den Himmel bei Gott einziehen können. Über den Zustand dieser Menschen, der Armen Seelen im Fegefeuer, haben wir bereits ausführlich in dem vorhergehenden Kapitel gesprochen.

Wie oben bereits gesagt, wird die Entscheidung über die Bestimmung eines jeden Menschen nach seinem leiblichen Tod beim „*besonderen Gericht*" getroffen. Über das „*besondere Gericht*" sagt der Katechismus: „*Jeder Mensch empfängt im Moment des Todes in seiner unsterblichen Seele die ewige Vergeltung. Dies geschieht in einem besonderen Gericht, das sein Leben auf Christus bezieht – entweder durch eine Läuterung hindurch oder indem er unmittelbar in die himmlische Seligkeit eintritt oder indem er sich selbst sogleich für immer verdammt.*"[82] Der hl. Johannes vom Kreuz resümiert dies mit den Worten: „*Am Abend unseres Lebens werden wir nach unserer Liebe gerichtet werden.*"[83]

Außer dem Himmel und dem Fegefeuer öffnet sich für den Menschen, der soeben gestorben ist, eine dritte Option: die Hölle. Dass die Hölle existiert, ist in der Tat etwas ganz Furchtbares. Die Hölle ist der Wohnort der Gescheiterten. Aber auch für Gott ist die Hölle etwas ganz Abscheuliches, ja sogar etwas absolut Widerliches. Denn Gott hat alles zum Guten erschaffen. Und die Hölle ist die Negation des Guten, sie ist das Reich des Bösen. Gott hat niemanden für die Hölle erschaffen.

---

82 KKK, Nr. 1022

83 Dichos 64, Vgl. KKK, Nr. 1022

Nun fragen wir uns: Wie kam es zur Hölle? Wieso existiert so etwas, wenn Gott nur das Gute erschaffen hat?[84] Eines muss man gleich am Anfang unserer Überlegungen über die Hölle klarstellen und verinnerlichen, nämlich, dass Gott die Hölle bei der Schöpfung gar nicht eingeplant hatte. Sie musste erst später für die Verdammten erschaffen werden, zum großen Bedauern und Widerwillen Gottes. Die Hölle ist Gott sozusagen abgetrotzt worden.

Wie kam es zur Hölle? Um diese Frage zu beantworten, müssen wir ziemlich weit ausholen! Noch bevor Gott den Menschen schuf, hatte er aus dem Überfluss seiner Liebe körperlose Wesen erschaffen, die an seiner Fülle Anteil haben sollten. Diese Wesen nennen wir die Engel. Um uns plastisch vorzustellen, was Engel sind, würde ich den sicherlich ungenauen Vergleich wagen: Sie sind so wie Menschen, jedoch ohne Körper. *„Als rein geistige Geschöpfe haben sie Verstand und Willen; sie sind personale und unsterbliche Wesen"*, sagt der Katechismus über die Engeln.[85]

Weil die Engel – wie später auch die Menschen – als freie Wesen erschaffen worden sind, mussten sie ihre Wesenheit annehmen oder ablehnen. Denn Gott – wenn ich es etwas salopp sagen darf, ist ein *„Fan"* der Freiheit und bürdet darum niemandem etwas auf. Zwar fehlen uns detaillierte Hinweise, wie diese Wahl über Annahme oder Ablehnung der von Gott vorgesehenen Beschaffenheit für die Engel konkret ausfiel, doch aus bestimmten Angaben der Heiligen Schrift[86] wie auch der Tradition der Kirche[87] erfahren wir manches, das

---

84 Vgl. Gen 1,31

85 KKK, Nr. 330

86 Offb 12,9

87 Vgl. KKK, Nr. 393: „Wegen des unwiderruflichen Charakters ihrer

uns hier weiterhelfen kann. So z.B., dass einige Engel sich unter der Führung eines offenbar besonders Begabten namens Luzifer gegen Gott erhoben haben, ihn nicht als Oberhaupt akzeptierten, sie selber diese Position einnehmen wollten. So sündigten sie ganz schwer und mussten den Himmel verlassen. Und so kam es zur Hölle, sozusagen als Wohnung für sie, für die gefallenen Engel, die dadurch zu Dämonen wurden. Nach seiner Vertreibung aus dem Himmel[88] wurde der Teufel von Wut und Groll gegen Gott erfüllt, so sehr, dass er es sich zum Ziel machte, die Pläne Gottes zu durchkreuzen, die Menschen gegen Gott aufzuhetzen, mit einem Wort: Gott scheitern zu lassen. Dann, so wird er sich in seinem Wahnsinn möglicherweise gedacht haben, *„dann bekomme ich Recht und es muss von jedem eingesehen werden, dass ich und nicht Gott die absolute Nummer eins bin"*. Das war eben die Zwangsvorstellung des Teufels: Gott von seiner höchsten Position zu entthronen und sich selbst auf den Posten zu setzen, den Gott innehat. Diese Zwangsvorstellung brachte ihn später zur Formulierung einer der Versuchungen, die er an Jesus einmal gerichtet hat, an der deutlich erkennbar wird, wie sehr er unter dem Trauma seiner Minderwertigkeit Gott gegenüber litt. Das Matthäusevangelium berichtet, der Teufel zeigte Jesus einmal *„alle Reiche der Welt mit ihrer Pracht und sagte zu ihm: Das alles will ich dir geben, wenn du dich vor mir niederwirfst und mich anbetest"*.[89]

Es ist nicht schwer, sich vorzustellen, wie wütend der Teufel war, als er feststellte, dass er Gott nichts anhaben konnte. Und es darf angenommen werden, dass er, nachdem er aus

---

Entscheidung … kann die Sünde der Engel nicht vergeben werden. Es gibt für sie nach dem Abfall keine Reue" (Johannes von Damaskus, f. o. 2,4).

88 Vgl. Offb 12,8-9

89 Mt 4,9

dem Himmel vertrieben worden war, sich das Ziel setzte, möglichst alles zu zerstören, was sich für Gott auftat. Denn, wie es im Buch der Offenbarung heißt, machte er sich dann auf, die Lieblingsgeschöpfe Gottes zu Fall zu bringen.[90] Die Lieblingsgeschöpfe Gottes sind zweifelsohne die Menschen, diese hatte Gott ja als seine weiteren Kinder erschaffen. Und da wurde der Teufel zunächst zum Sieger. Das war für ihn ein Riesenerfolg. Unsere Stammeltern von der Vertrautheit mit Gott entfernt zu haben, das hat der Teufel als ganz großen Erfolg in seinem Kampf gegen Gott verbucht. Denn durch die Sünde der Stammeltern wurde der Mensch nicht nur im sittlichen Bereich äußerst geschwächt, er wurde regelrecht entstellt, und zwar so, dass er mit einem Mal gar nicht mehr dem entsprach, was Gott sich für ihn bei seiner Schöpfung vorgestellt hatte.[91] Ein Riesenerfolg war es für den Teufel! Dieser Triumph gab ihm Antrieb, sodass er sich daran machte, die Menschen einzufangen und sie gegen Gott aufzustacheln. So bekommen wir im 12. Kapitel der Offenbarung des hl. Johannes sinngemäß zu hören, dass der Teufel sich offenbar zu Tode geärgert haben soll, als er von den Plänen der Dreifaltigkeit Wind bekam, Gott wolle die Menschen, die er ja zu Fall gebracht hatte, doch noch retten und ihnen die neue und attraktivere Perspektive der Erlösung aufzeigen. Das konnte der Teufel nicht ertragen, denn sein größtes Werk, den Menschen bei der Erbsünde zu Fall gebracht zu haben, drohte sich nun in ein Werk der Allmacht Gottes zu verwandeln. Und das

---

90 Offb 12,17: „Da geriet der Drache in Zorn (…) und er ging fort, um Krieg zu führen (mit denen), die den Geboten Gottes gehorchen und an dem Zeugnis für Jesus festhalten."

91 Über die Veränderungen des Menschen durch den Sündenfall: siehe Cesar Martinez, Verborgene Schätze des Glaubens, Christiana-Verlag im Fe Verlag, Kisslegg 2019, S. 41ff

war für ihn ein wahrer Albtraum. Darum machte er sich auf den Weg, dies zu verhindern. Zunächst wollte er verhindern, dass Gott als Kind geboren wird. Die Apokalypse erzählt dies in allegorischer Sprache mit folgenden Worten: *„Der Drache – d.h. der Teufel – stand vor der Frau, die gebären sollte; er wollte ihr Kind verschlingen, sobald es geboren war. Und sie gebar ein Kind, einen Sohn, der über alle Völker mit eisernem Zepter herrschen wird. Und ihr Kind wurde zu Gott und zu seinem Thron entrückt. Die Frau aber floh in die Wüste."*[92] Und da er ihr nichts antun konnte, geriet der Drache in Wut und bereitete sich auf einen Krieg gegen alle vor, die den Geboten Gottes gehorchen und an dem Zeugnis für Jesus festhalten, das sind ja die Christen. Aus dieser Beschreibung der Apokalypse geht übrigens hervor, dass der Teufel Maria gegenüber ohnmächtig ist. Maria kann der Teufel nichts anhaben. In allegorischer, zugleich aber wundervoller Sprache, erzählt dieses Buch der Heiligen Schrift über die raffinierte, obwohl erfolglose Verfolgung Marias durch den Teufel. Dort heißt es – ich wiederhole: in allegorischer Sprache:

„Als der Drache erkannte, dass er auf die Erde gestürzt war, verfolgte er die Frau, die den Sohn (Gottes) geboren hatte. Aber der Frau wurden die beiden Flügel des großen Adlers gegeben, damit sie in die Wüste an ihren Ort fliegen konnte. Dort ist sie vor der Schlange sicher ... Die Schlange spie einen Strom von Wasser aus ihrem Rachen hinter der Frau her, damit sie von den Fluten fortgerissen werde. Aber die Erde kam der Frau zu Hilfe; sie öffnete sich und verschlang den Strom, den der Drache aus seinem Rachen gespien hatte. Da geriet der Drache in Zorn über die Frau und er ging fort, um Krieg zu führen mit ihren übrigen Nachkommen, die den Geboten Gottes gehorchen und an dem

---

92 Offb 12,4-6

Zeugnis für Jesus festhalten."[93] Und so gelangen wir zu der Erkenntnis, dass der Teufel buchstäblich unterwegs ist, um – aus Hass gegen Gott – die Seelen der Menschen zu verderben.

Die Kirche lehrt, die Teufel waren einst gute Engel, *„sie sind aber gefallen, weil sie sich aus freiem Willen weigerten, Gott und seinem Ratschluss zu dienen. Ihre Entscheidung gegen Gott ist endgültig".*[94] Wie es auch bei den Stammeltern war, bestand die Sünde der rebellierenden Engel darin, dass sie an die Stelle Gottes treten wollten, selber die Allherrscher sein wollten. Und doch war die Sünde der Engel anders als die der Menschen, denn die Menschen sind keine reinen Geister, sondern körperlich-geistige Wesen, die Menschen sind irgendwie auf die Materie angewiesen; die Materie, das Körperliche, mit einem Wort: das nicht Geistige im Menschen hat einen großen Einfluss auf seine Entscheidungen, so dass man sagen kann, so schlecht die Sünde des Menschen auch ist, deren Bosheit kommt nicht nur aus seinem Geist, sondern ist meistens durch die Verquickung mit der Materie beeinflusst.

Ganz anders ist es bei den Engeln. Diese sind reine Geister, stehen ohne jeglichen Einfluss irgendeines materiellen Elementes da. Sie sind darum in der Lage, die Qualität der Handlung bis in den tiefsten Kern leicht und unmittelbar zu erfassen. Der Geist trifft darum stets unumkehrbare Entscheidungen. Die Engel wussten, dass es kein Zurück gab. Mit der Zustimmung zu dem wahnsinnigen Gedanken, Gott ersetzen zu wollen, riskierten sie in vollem Bewusstsein ihre Zukunft. Die Entscheidungen des Geistes werden, wenn ich dies etwas salopp sagen darf, für immer *„betoniert"*. Und darum können

---

93 Offb 12,13-17

94 KKK, Nr. 414

die Teufel nicht bereuen. Das liegt offenbar an der rein geistigen Natur der Engel.[95]

Wie der Fall der Engel geschah, davon berichtet die Apokalypse in bildlicher Sprache folgendermaßen: „*Da entbrannte im Himmel ein Kampf; Michael und seine Engel erhoben sich, um mit Luzifer (dem Drachen) zu kämpfen. Der Drache (der Teufel, Luzifer) und seine Engel kämpften, aber sie konnten sich nicht halten und sie verloren ihren Platz im Himmel. Er wurde gestürzt, der große Drache, die alte Schlange, die Teufel oder Satan heißt und die ganze Welt verführt, der Drache wurde auf die Erde gestürzt, und mit ihm wurden seine Engel hinabgeworfen. ... Seine Wut ist groß, weil er weiß, dass ihm nur noch eine kurze Frist bleibt.*"[96]

Aus diesem Text der Heiligen Schrift geht eine ganze Menge Information über den Teufel, über seine Machenschaften, über seine Absichten wie auch über seine Begrenztheit hervor. Wir wollen bei diesen Informationen nun etwas verweilen. Offensichtlich ist der Teufel voller Wut gegen Gott. Denn die Rechnung ist ihm gar nicht aufgegangen. Er wollte Gott ersetzen und verlor bei dem Versuch, dies zu tun, seine ursprüngliche Schönheit, seine Reinheit, seine Unbeschwertheit. „*Gestürzt*" wurde er, so heißt es mehrfach in diesem Text der Apokalypse. Vom Himmel ausgestoßen, steht er da und hasst Gott, den er nicht hat bezwingen können, was ihn tief demütigt und rachsüchtig macht. Dieser Hass ist gleichsam das Echo seiner Niederlage gegen Gott, das Aufstoßen des Neides. Wir kennen in etwa diese wirklich verheerende Reaktion

---

95 Im Übrigen lässt dies verstehen, warum die Heiligen im Himmel frei sind und dennoch nicht sündigen können. Aber das ist ein ganz anderes Thema, auf das ich ein andermal gerne zurückkommen würde. Vgl. oben Fußnote 83

96 Offb 12,7-9; 12

auf eine erlittene Niederlage oder gar Bloßstellung, denn so etwas kann auch – wenn auch natürlich anders gelagert und in anderen, kleineren Ausmaßen – im menschlichen Leben geschehen. Wer verloren hat und sich gedemütigt fühlt, kann sich zutiefst beleidigt und gekränkt zeigen und eine um sich greifende tiefe Aversion gegen den spüren, der ihn besiegt hat. Groll, Missgunst, Rachegefühle, Wut und dergleichen mehr belagern oft das Innere des Besiegten. Allzu gerne würde dieser seinem Bezwinger seine klammheimlichen, hasserfüllten, tiefgekränkten Gefühle ins Gesicht schleudern und sich seiner Wut Luft machen, etwa nach dem Motto: *„Jetzt zeige ich dir, was eine Harke ist"*, er vermag das aber nicht, sein Unvermögen ärgert ihn umso mehr.

Da der Teufel gegen Gott nichts tun konnte, schickte er sich an, die Menschen auf seine Seite zu ziehen, sie gegen Gott aufzuhetzen, Misstrauen gegen Gott in deren Herzen zu säen. Der Teufel sagte sich: *„Wenn ich gegen Gott nichts tun kann, will ich zumindest seine geliebten Geschöpfe, nämlich die Menschen, von Gottesanbetern in Gottesfeinde verwandeln."*

Wir fassen zusammen: Nach seiner Niederlage gegen Gott ist der Teufel von verletztem Stolz, Hass und Missgunst erfüllt und hat sich als Rache gegen Gott den Fall der Menschen zur Lebensaufgabe gemacht. Ja, das müssen wir wissen: Die Lebensaufgabe des Teufels ist das Verderben der Menschen. Dabei handelt er heimtückisch, raffiniert, unehrlich. Er hält sich dabei an keine Gesetze oder Vorschriften. Der Teufel hat keine Moral. Für ihn rechtfertigt das Ziel die Anwendung jeglicher Mittel. Das wird augenfällig bei der Versuchung unserer Stammeltern. Da war alles vom Anfang bis zum Ende gelogen. Die Heilige Schrift beschreibt den Teufel als *„Vater* *der Lüge".*[97] Bei der Versuchung unserer Stammeltern offenbart sich die Taktik des Teufels. Er erscheint in angenehmer Aufmachung und spricht den Menschen vielversprechend an: *„Da werden dir die Augen aufgehen und du wirst Gutes vom Bösen unterscheiden."*[98] Das war natürlich gelogen, das wusste der Teufel genau, doch das machte ihm gar nichts aus. Ihm ging es ja nur darum, die Menschen von Gott zu entfernen. Hat er dies einmal erreicht, lässt er den Menschen dann in seiner Verzweiflung erbarmungslos liegen. Die Höflichkeit bei der Versuchung war nur Tarnung, eben Lüge, Täuschung. Der Teufel hat kein Interesse am Menschen, er will nur unser Verderben, und zwar vor allem, um Gott zu verletzen. Denn das ist ja seine selbstgewählte, von Hass erfüllte Lebensaufgabe. Die Menschen greift er hochraffiniert an: Er kennt die Schwächen eines jeden und meldet sich gerade dort, wo der Mensch schwach ist. Er gaukelt dem Menschen vor: *„Wenn du das tust, was ich dir vorschlage, dann wirst du Glück, Wohlstand, Befriedigung erfahren."* Alles gelogen. Wer in die Versuchung einwilligt, stellt bald danach fest, dass er innerlich einsam geworden ist.

Nach seinem ersten Erfolg gleich am Anfang der Geschichte der Menschheit, als er unsere Stammeltern versuchte, machte sich der Teufel daran, wie oben bereits gesagt, die Menschen zu versuchen und sie von Gott zu entfernen. Der hl. Petrus warnt uns eindringlich, wenn er sagt: *„Seid nüchtern und wachsam. Euer Widersacher, der Teufel, geht umher wie ein brüllender Löwe und sucht, wen er verschlingen kann."*[99] Am liebsten würde er alle Menschen zu Fall bringen, so groß ist

97 Joh 8,44

98 Gen 3,5

99 1 Petr 5,8

seine Missgunst gegenüber Gott. Sogar Jesus Christus hat der Teufel versucht, traf dabei jedoch auf Granit, was uns übrigens zeigt, dass die Versuchungen überstanden werden können. Das ist eine gute Nachricht, denn wir alle werden versucht – so oder so, auf diesem oder jenem Gebiet. Die Versuchung ist aber gar keine Sünde, sie ist vielmehr eine Herausforderung, Jesus noch mehr zu lieben, sich für ihn zu entscheiden, ihm die Treue noch bewusster zu halten. Auch Maria, die Mutter des Herrn, wollte Satan bei der Erfüllung ihrer Berufung scheitern lassen, er schaffte es aber nicht. Denn zwischen dem Teufel und Maria herrscht, wie oben bereits gesagt, eine absolute Inkompatibilität. Die Texte der Offenbarung über die Verfolgung der Frau, der Flügel gegeben wurden, damit sie nicht von dem Drachen erfasst werden konnte, zeigt die von der Kirche stets tradierte Lehre, dass der Teufel Maria nichts anhaben kann. Der Schöpfergott selber hat es gleich nach der Sünde der Stammeltern feierlich verkündet, als er zur Schlange sagte: *„Feindschaft setze ich zwischen dich und die Frau, zwischen deinen Nachwuchs und ihren Nachwuchs."*[100]

Hier setzt die heilsame Gewohnheit des christlichen Volkes an, bei Versuchungen die Nähe Mariens zu suchen, denn bei ihr hat der Teufel keine Chance. Die Darstellung unserer Mutter Maria, unter deren Mantel die Christen Zuflucht finden – die Schutzmantelmadonna –, stellt dieser Glaubensüberzeugung treffend und zugleich sehr schön dar.

Gehen wir noch einmal zu dem oben bereits zitierten Text der Apokalypse zurück, wo es heißt, dass die Wut des Teufels nach seiner Niederlage unheimlich groß ist, und dass er sich auf den Weg macht, die Menschen zu versuchen, *„weil*

---

100 Gen 3,15

er weiß, dass ihm nur noch eine kurze Frist bleibt".[101] Damit wird uns geoffenbart, dass der Teufel im Grunde nur über eine kurze Zeit verfügt, um die Menschen zu versuchen. Irgendwann wird er es nicht mehr tun können. Umso größer ist deshalb seine Mühe, seine verheerende Arbeit gezielt zu leisten. Der Teufel gönnt sich keine Pause. Er ist in seinem bösartigen Tun unermüdlich. Wie ist das alles zu verstehen? Wird der Mensch irgendwann von den Anfechtungen des Teufels befreit? Ja! So ist es in der Tat. Auch das ist eine gute Nachricht: Selbst derjenige, der irgendwann auf dem einem oder anderem Gebiet etwa des sittlichen Lebens oder gar des Glaubens dauerhaft versucht wird, ja sogar öfters hinfällt, darf hoffen, dass dies irgendwann anders wird. Eines Tages wird der Teufel uns nichts mehr anhaben können. Und – wann wird das geschehen? Unmittelbar nach dem Tod auf jeden Fall! Denn dann – so unser Glaube – wird über das Schicksal eines jeden Menschen unumkehrbar entschieden und der Teufel muss endgültig von dannen ziehen. Es leuchtet ein, dass diejenigen, die direkt in den Himmel zugelassen werden, und diejenigen, die nach ihrem physischen Tod in den Ort der Reinigung gehen, logischerweise dem Einfluss des Teufels endgültig entzogen sind. Aber auch bevor der Tod uns einholt, ist es in der Regel so, dass das Versuchungspotenzial des Teufels nachlässt, nicht nur, weil die Kräfte des Menschen mit zunehmenden Alter, auch was das Sündigen angeht, in der Regel schwächer werden, sondern auch und vor allem, weil der jahrelang geführte innere Kampf, um in der Liebe zu wachsen und bei den Versuchungen nicht nachzugeben, sich jetzt erfolgreich zeigt. Und noch eines: Wer sich trotz Fehler und Sünden immer wieder neu und stets ehrlich um einen

---

101 Offb 12,12

persönlichen Umgang mit Gott bemüht, wächst – oft für ihn selber unbemerkt – in der Erkenntnis Gottes und gelangt so zu der Einsicht, dass es sich wirklich nicht lohnt, um einer Befriedigung des Fleisches oder des Geistes willen, diesen guten Gott, der in seiner Liebe zu mir sogar sein Leben hingeschenkt hat, zu betrüben. Falls der Teufel ihn dennoch versucht, ist er dann gut ausgerüstet, ihn abzuwenden. Die Lebensgeschichte mancher Heiliger zeigt im Übrigen, dass der Teufel sie quasi in einem Anflug von Verzweiflung kurz vor dem Tod besonders intensiv versucht hat, zuletzt z.B. Mutter Teresa. Johannes vom Kreuz sprach hierzu von der „*dunklen Nacht der Seele*" und meinte damit die lichtlose innere Atmosphäre, in der sich der Mensch befindet, der den Kontakt mit Gott sucht und ihn nicht findet, eine für den Teufel passende Gelegenheit, den heiligmäßigen Menschen zu einer verzweifelnden Abkehr von Gott zu bewegen, was – Gott sei Lob! – nicht geschieht und nicht zu geschehen braucht, denn so verführerisch der Teufel auch sein mag, Gott ist immer stärker und greift den Seinen, die allerdings auch dann ihre Freiheit stets behalten, unter die Arme. Wer glaubt, ist nicht allein, pflegte Papst Benedikt XVI. zu wiederholen, auch dann nicht, wenn er nicht spürt, dass Gott doch bei ihm ist. Mitten in den furchtbaren Versuchungen zieht sich der heiligmäßige Mensch dann auf den Glauben zurück, der ja darin besteht, „überzeugt *zu sein von Dingen, die man nicht sieht*"[102], und empfiehlt sich dadurch für den Himmel, denn: „*Der Gerechte*" (d.h. der Heilige) „*lebt aus dem Glauben*"[103], wie es im Hebräerbrief wörtlich heißt. Und der Teufel hat dann das Nachsehen.

---

102 Hebr 11,1
103 Vgl. Heb 10,38

Kapitel IX.

Wie leben die Heiligen im Himmel bis zum Jüngsten Tag?

Wie leben diejenigen, die nach ihrem Tod direkt oder nach einer heilsamen Reinigung im Fegefeuer in den Himmel aufgenommen werden?

Das ist zweifellos eine faszinierende Frage! Denn die Heiligen in der Ewigkeit müssen bis zum Jüngsten Tag ihren Leib entbehren, der gleich nach dem physischen Tod in die Verwesung ging. Und da fragt man sich natürlich: Wie können Menschen ohne Leib leben? Werden sie in Geister umgewandelt, oder ist der Leib doch im Grunde nicht so wichtig für die Existenz des Menschen? Weder noch. Der Kirchenlehrer Ephraim der Syrer hat einmal gesagt: *„Der Mensch lebt durch seine Seele.“* Die Seele übernimmt in der Ewigkeit offenbar manche Funktionen, die sonst vom Leib getragen werden. Wir haben vorher einiges darüber gerätselt, genauere Auskünfte sind uns jedoch nicht möglich. Die faktische Trennung von Leib und Seele beim Weiterbestehen der Person im Himmel bleibt letztlich nur dem Glauben zugänglich. Viel wichtiger als die Frage, wie der Mensch ohne den Leib im Himmel doch als Person existieren kann, ist allerdings die Feststellung, dass das Fehlen des Leibes ein eindeutiger Hinweis dafür ist, dass die Erlösung des Menschen noch nicht ganz vollendet ist. Wir haben vorhin mehrmals das Wort des hl. Paulus zur Erläuterung dieses Sachverhalts bemüht, wir seien in der

Hoffnung erlöst.[104] Und so ist es in der Tat: Auch die Menschen im Himmel sind noch nicht vollständig erlöst. Bis die Leiber der Verstorbenen auferstanden sind, was am Jüngsten Tag geschehen wird, ist die Erlösung des Menschen noch nicht vollendet. Nur bei Maria ist die Erlösung vollendet, denn sie hat die Sünde nicht gekannt. Sie wurde gleich bei ihrer Empfängnis von jedem Makel der Erbsünde befreit, so dass die Sünde sie gar nicht berührte. Das war so, weil sie die Zweite Person der Dreifaltigkeit als Mensch gebären sollte. Weil Gott aus dem Leib Mariens Fleisch werden sollte, musste dieser zwangsläufig absolut makellos sein. Denn das Fleisch, mit dem der menschgewordene Gott die Welt von der Sünde erlösen sollte – und auch erlöst hat! –, ist aus der Substanz der Mutter allein, aus ihrem Fleisch also.[105] Und darum bekennt die katholische Kirche, dass Maria im ersten Augenblick ihrer Empfängnis im Schoß ihrer Mutter von jedem Makel der Erbsünde unversehrt bewahrt wurde.[106] Weil Maria gar keine Berührung mit der Erbsünde gehabt hat, ist ihr Leib nach ihrem physischen Tod logischerweise nicht der Verwesung anheimgefallen.

Eine weitere Überlegung kann helfen zu begreifen, dass es so sein muss, dass Maria im Himmel schon jetzt mit ihrem verklärten Leib lebt: Die Verwesung des Leibes eines Menschen zeigt an, dass seine Erlösung noch nicht abgeschlossen ist, denn die Vollendung der Erlösung geschieht ja bei erst der

---

104 Vgl. Röm 8,24

105 „Ihr wisst, dass ihr aus eurer sinnlosen … Lebensweise nicht um einen vergänglichen Preis losgekauft wurdet, nicht um Silber oder Gold, sondern mit dem kostbaren Blut Christi, des Lahmes ohne Fehl und Makel": 1 Petr 1,19

106 Vgl. Pius IX, Apostolisches Schreiben „Ineffabilis Deus" vom 08.12.1854

Auferstehung der Toten. Mit anderen Worten: Der Mensch ist erst dann vollständig erlöst, wenn die Erlösung ihn an Leib und Seele ganz erreicht hat. Und das geschieht erst am Letzten Tag, eben bei der Auferstehung des Fleisches. Weil Maria wegen ihrer unbefleckten Empfängnis von Anfang an erlöst war, konnte ihr Leib keine Verwesung erfahren. Sie bedarf nicht der vollständigen Erlösung. Sie ist die Ersterlöste vom Augenblick ihrer Empfängnis an.

Der Leib Jesu und der Leib Mariens besitzen schon jetzt im Himmel den Status, den jeder Mensch nach der Auferstehung am Jüngsten Tag erhalten wird, den Status nämlich eines Menschen im Besitz eines verklärten Leibes. Dazu später noch ausführlicher. Jesus und Maria leben also heute im Himmel in der Fülle ihrer Persönlichkeit, d.h. mit Leib und Seele, weiter. Da stellt sich die Frage: Wie geht das eigentlich? Ist der Himmel nicht ein rein geistiger Ort, an dem jedwede Materie fremd ist?[107] Wir fragen uns: Wie kann an einem geistigen Ort Materie vorhanden sein? Denn die verklärten Körper Jesu

---

107 Apropos „geistiger Ort": Bei der Beschreibung von übernatürlichen Fakten und Sachverhalten fehlen uns Menschen oft die genauen Begriffe, um sie präzise und vollständig auszudrücken, denn es handelt sich dabei ja um Inhalte, die außerhalb unserer unmittelbaren Erfahrung liegen. Sie transzendieren unsere Sprache. Um diese rein übernatürlichen Inhalte zu beschreiben, verwenden wir diesseitige Begriffe, denn andere haben wir ja nicht. Sie sollen dem Leser bzw. dem Hörer ermöglichen zu begreifen, was eigentlich gemeint ist. Wenn wir z.B. den Himmel als einen „Ort" bezeichnen, so müssen wir den Begriff der Ausdehnung, wie wir diesen auf Erden gebrauchen, in einem analogen, bzw. sinngemäßen Sinn verstehen. Das rein Übernatürliche wird der Mensch in seiner Ganzheit und Tiefe erst in der Ewigkeit erfassen. So wird verständlich, dass bei der Erkenntnis und bei der Verkündigung des Übernatürlichen der Beistand des Heiligen Geistes unabdingbar notwendig ist. Eine theologische Wissenschaft ohne Einwirkung des Heiligen Geistes ist dem Misserfolg ausgesetzt.

und Mariens sind selbstverständlich Materie, zwar *„verklärte, verherrlichte Materie"*, doch sie sind tatsächlich Materie!

Wir können spekulieren: Weil sowohl Jesus wie auch Maria schon heute im Himmel im Besitz ihres verklärten Leibes sind, muss es dort eine wie auch immer geartete *„Plattform"* geben, auf der beide nicht nur geistig, sondern auch leiblich leben können. Wir können uns dies zwar nicht konkret und präzise vorstellen, es muss aber so etwas geben, denn die Materie, selbst wenn sie verklärt ist, braucht einen *„Raum"*[108], kann nicht in der Schwebe leben. Das Wissen um die leibliche Gegenwart Jesu und Marias in der Ewigkeit kann uns im Übrigen gut helfen, unsere persönliche Beziehung zu Jesus und Maria konkreter zu gestalten. Irgendwie können wir sie uns sogar vorstellen und persönlichen Umgang mit ihnen pflegen.

Also kann der Himmel nicht ausschließlich ein rein geistiger Ort sein! Jetzt schon nicht – wegen der Anwesenheit von Jesus und Maria – und erst recht nicht später, wenn die Toten einmal auferstanden sind. Denn die auferstandenen Toten, die sich mit ihrer unsterblichen Seele am Jüngsten Tag vereinen werden, brauchen „Platz" zum Leben. Mit dem Eintritt des verklärten Leibes Jesu in den Himmel erhielt dort das Menschliche und überhaupt das Materielle eine bis dahin gar nicht vorhandene Bedeutung. Diese Bedeutung ist derart groß, dass selbst die Struktur des Himmels sich sozusagen verändert, um dem Materiellen ein Zuhause zu bieten. Es war in der Tat einmal so, dass der Himmel schlicht und einfach lediglich das Zuhause der Dreifaltigkeit war, deren Beschaffenheit rein geistig ist. Denn Gott Vater ist Geist, der Sohn ist Geist, der Heilige Geist ist selbstverständlich ebenso

---

108 Siehe Fußnote Nr. 107

Geist. Also hat es eine „*Zeit*" gegeben[109], in der es im Himmel nur die Dreifaltigkeit gab. Der Himmel war ursprünglich also tatsächlich ein rein geistiger Ort. Als Gott einmal entschied, die Engel zu erschaffen, hörte der Himmel auf, nur das Zuhause der Heiligen Dreifaltigkeit zu sein. Der Himmel wurde sozusagen „*geweitet*", wenn auch nur im geistigen Sinn, denn die Engel haben ja keinen Körper, sie sind reine Geister. Als Jesus, der ein wahrer Mensch ist und darum einen Körper hat, nach seiner Himmelfahrt aber in den Himmel Einzug nahm, kam erstmalig Materie in den bis dann rein geistigen Ort des Himmels. Denn der Körper Jesu hat sich bei seinem Eintritt in den Himmel ja nicht aufgelöst. Und als Maria einige Jahre nach Jesus starb, wurde auch sie mit Leib und Seele in den Himmel aufgenommen, denn sie war ja die vollständig Ersterlöste.[110] Der Information halber sei hier noch angeführt, dass nach dem Tod Jesu am Kreuz die Seelen der Gerechten des Alten Testamentes – etwa Abraham, Mose, die Propheten, usw. – in den Himmel gebeten wurden, allerdings nur deren Seelen, wodurch der „*geistige Raum*" im Himmel, wenn ich es so sagen darf, „*größer*" wurde. Und er wird größer und immer größer im Lauf unserer Geschichte, denn beim Tod jedes Menschen geht der Leib zwar in die Verwesung, die Seele aber ist unsterblich und lebt in der Ewigkeit weiter, im Himmel, im Fegefeuer oder auch in der Hölle, je nachdem. Also ist der Himmel heute auf jeden Fall „*gut besetzt*".[111] Er ist für sie tatsächlich ein geistiger Ort, denn die Bewohner des

---

109 Vgl. Fußnote Nr. 107

110 Zwar ist die Materie der verklärten Leiber im Himmel anders strukturiert als die der sterblichen irdischen Leiber und folgt anderen Gesetzmäßigkeiten, doch auch die verklärte Materie ist Materie.

111 Vgl. Offb 7,9

Himmels sind ja eben Geist, bis auf Jesus und Maria. Beide erfahren im Grunde bereits vorweg, was jeder Mensch am Jüngsten Tag erfahren wird, nämlich, dass der irdische Leib in einen verklärten Leib verwandelt sein wird, der sich dann mit der Seele vereinigt, um mit ihr zusammen die Person zu bilden. Wie diese Verwandlung vor sich geht, erklärt der hl. Paulus im 1. Korintherbrief mit folgenden Worten: *„Was gesät wird, ist verweslich, was auferweckt wird, unverweslich. Was gesät wird, armselig, was auferweckt wird, herrlich, was gesät wird, ist schwach, was auferweckt wird, ist stark. Gesät wird ein irdischer Leib, auferweckt ein überirdischer Leib.“*[112]

Der einzelne Mensch erfährt zwar schon gleich nach seinem Tod beim besonderen Gericht seine ewige Bestimmung[113], die Vollendung der Erlösung jedoch wird erst am Ende der Zeiten in einer Apotheose der gesamten Schöpfung geschehen, die einem fröhlichen, begeisternden und dankbaren Lobpreis Gottes des Schöpfers und Erlösers seitens des ganzen Universums gleichen wird. Der Jüngste Tag, an dem Jesus, der Erlöser, in seiner göttlich-menschlichen Herrlichkeit erscheinen wird, wird eine Explosion der Freude der gesamten Schöpfung erleben, ein globales Dankeschön an Jesus, den Erlöser, und an seine Mutter Maria. Der Jüngste Tag wird der Schlussakkord der Symphonie der Schöpfung sein. Ein echt glorreicher Tag – für Gott, für die Menschen wie auch für die gesamte Schöpfung. Der Jüngste Tag markiert den Anfang der neuen Schöpfung, die sich in dem neuen Himmel und in der neuen Erde sozusagen ausbreiten wird. Der neue Himmel und die neue Erde sind zwar wohl neu, doch nur in dem Sinne, dass sie die Wiederherstellung des verlorenen Anfangszustands

---

112 1 Kor 15,42-44

113 Vgl. KKK, Nr. 1021-1022

darstellen und verkörpern. Wir kommen noch darauf zurück und freuen uns schon jetzt, bald mehr davon zu erfahren. Denn diese neue Schöpfung ist unsere Zukunft.

Wie werden die Menschen in der neuen Schöpfung leben? Eine präzise und detaillierte Antwort auf diese Frage können wir natürlich nicht geben, doch wir sind in der glücklichen Lage, ausgehend von manchen Aussagen der Heiligen Schrift, einige, wie ich meine, fundierte Vermutungen anzustellen. Die Berichterstattung der Evangelien über Leben und Wirken Jesu nach seiner Auferstehung schenkt uns nämlich ein gesichertes Wissen über manche Verhaltensweisen des Menschen im Besitz eines verklärten Leibes. So gewinnen wir z.B. die Erkenntnis, dass mit dem physischen Tod der irdische Leib in einen tatsächlich verklärten Leib verwandelt wird. Jesus, der mit seinem irdischen Leib am Kreuz starb, stieg im Besitz eines verklärten Leibes aus dem Grab heraus. Dieser verklärte Leib war ein echter Leib, doch kein sterblicher Leib mehr. Der auferstandene Jesus war jedenfalls kein Geist. Als seine Jünger ihn nach seiner Auferstehung sahen, erschraken sie, denn sie hielten ihn für tot, sein Tod war ja ein öffentliches Ereignis, über das in Jerusalem jeder sprach. Als sie ihn sahen, waren sie voller Angst und meinten, er sei ein Gespenst.[114] *„Da sagte er zu ihnen: Was seid ihr so bestürzt? Warum lasst ihr in eurem Herzen solche Zweifel aufkommen? Seht meine Hände und meine Füße an. Ich bin es selbst. Fasst mich doch an, und begreift: Kein Geist hat Fleisch und Knochen, wie ihr er bei mir seht."*[115] Also ist der auferstandene Jesus, der ja einen verklärten Leib besitzt, kein Geist, sondern konkrete Materie, hat Fleisch und Knochen. Er ist derselbe Christus, der am Kreuz

---

114 Vgl. Lk 24,37
115 Lk 24,38-39

starb, das ist augenfällig, denn er trägt an sich die Wundmale; er ist derselbe, der vor seiner Kreuzigung da war, er hat aber dennoch keinen irdischen Leib, d.h. keinen sterblichen Leib mehr, er erscheint vielmehr in der Gestalt seines verklärten Leibes. In diesem Zustand lebt er heute im Himmel weiter. Denn so wie er sich nach seiner Auferstehung zeigte, so lebt er heute im Himmel. Sich Jesus im Himmel vorzustellen, kann helfen, eine persönliche Beziehung zu ihm aufzubauen und zu unterhalten und damit ein natürliches und spontanes Gebetsleben zu pflegen. Denn beten ist ja letztlich nichts anderes als *„mit Gott sprechen"*.[116] Und das können wir *„in der Arbeit, in der Ruh"*.[117]

---

116 Josefmaria Escrivá, Der Weg, Nr. 91

117 Gotteslob 455,1

Kapitel X.

Der Jüngste Tag

Die unumkehrbare Entscheidung über die Zukunft des Menschen in der Ewigkeit, die unmittelbar nach dem Tod eines jeden Menschen getroffen wurde, wird am Jüngsten Tag – am letzten Tag der Geschichte – in Anwesenheit der soeben auferstandenen Leiber bestätigt und proklamiert.

Am Jüngsten Tag gibt es für den Menschen nur zwei Optionen: den Himmel oder die Hölle. Das Fegefeuer endet spätestens an diesem Tag.

Das Matthäusevangelium berichtet von diesem Endpunkt der Geschichte, den man auch das Letzte Gericht oder das Weltgericht nennt, mit folgenden Worten:

„Wenn der Menschensohn in seiner Herrlichkeit kommt und alle Engel mit ihm, dann wird er sich auf den Thron seiner Herrlichkeit setzen. Und alle Völker werden vor ihm zusammengerufen werden und er wird sie voneinander scheiden, wie der Hirt die Schafe von den Böcken scheidet. Er wird die Schafe zu seiner Rechten versammeln, die Böcke aber zur Linken. Dann wird der König denen auf der rechten Seite sagen: Kommt her, die ihr von meinem Vater gesegnet seid, nehmt das Reich in Besitz, das seit der Erschaffung der Welt für euch bestimmt ist. … Dann wird er sich auch an die auf der linken Seite wenden und zu ihnen sagen: Weg von mir, ihr Verfluchten, in das ewige Feuer, das für den Teufel und seine Engel bestimmt ist! … Und

sie werden weggehen und die ewige Strafe erhalten, die Gerechten aber das ewige Leben."[118]

Obwohl es uns inzwischen klar ist, will ich nicht unerwähnt lassen, dass, wenn die Heilige Schrift in diesem Text von „*Strafe Gottes*" spricht, keineswegs meint, ein überempfindlicher Gott habe aus Ärger über die begangenen Sünden dem Menschen eine Strafe auferlegt. Gott schickt niemanden in die Hölle, der Betroffene macht sich selber auf den Weg dorthin. Die Verdammten würden niemals in den Himmel gehen wollen, denn im Himmel wird Gott geliebt und das meiden sie eben „*wie der Teufel das Weihwasser*".

Wie es zur Erschaffung der Hölle gekommen ist, haben wir oben bereits beschrieben. Eine Erklärung dazu war notwendig, weil einem beim ersten Hinsehen tatsächlich nicht aufgehen will, dass ein so guter, barmherziger und großzügiger Gott, wie er nun mal ist, so etwas Schreckliches und Widerspenstiges wie die Hölle zulässt. Nur zur Erinnerung: Die Erschaffung der Hölle musste Gott, wenn ich das so sagen darf, unter Tränen tätigen. Nach dem die aufbegehrenden Teufel aus dem Himmel vertrieben wurden, musste für sie ein „*Ort*"[119] bereitgestellt werden, wo sie weiterleben könnten. Denn Engel sterben nicht und der Geist bleibt auf ewig bestehen. Die unter Tränen von Gott erschaffene Hölle ist im Grunde ein Zugeständnis an diejenigen, die sich nur dann wohl fühlen, wenn sie Gott hassen. Die Atmosphäre der Hölle ist der Hass, die Wut, die Missgunst, der zermürbende Neid, der Ärger über die erlittene Demütigung. Eine der größten Schmerzen der Teufel in der Hölle wird darin bestehen, ab dem Jüngsten Tag keinen einzigen Menschen mehr versuchen zu können, denn

---

118 Mt 25,31-34.41.46

119 Vgl. Fußnote Nr. 107

ab dem Jüngsten Tag sind alle Menschen ja unwiderruflich an dem letztlich von ihnen gewählten Ort: im Himmel oder aber in der Hölle. Ab dem Jüngsten Tag sind die Teufel mit sich selbst beschäftigt: Frust, Langeweile, Sinnlosigkeit …. Sie sind arbeitslos geworden. Es gibt für sie keine Perspektiven mehr. Wie der Hund sich im eigenen Dreck wälzt, so wälzen sie sich in der makabren Vorstellung, sie hätten es doch besser gewusst und gemacht als Gott, widrige Umstände hätten sie jedoch zum Rückzieher gezwungen. Diese Vorstellung heizt ihren Hass gegen Gott umso mehr an und verstärkt ihren Frust. Die Verdammten kauen ewig an ihrem eigenen Versagen und versuchen in ihrer gekränkten Fantasie die armselige Befriedigung der Verlierer zu genießen, die sich selbst davon überzeugen lassen, ihnen sei Unrecht zuteil geworden.

Die Hölle existiert nicht, weil Gott sie gewollt hätte, sie wurde ihm abgetrotzt. Der Katechismus der katholischen Kirche stellt jedenfalls fest, und das ist unser Glaube:

„Niemand wird von Gott dazu vorherbestimmt, in die Hölle zu kommen; nur eine freiwillige Abkehr von Gott (eine Todsünde), in der man bis zum Ende verharrt, führt dazu. Bei der Eucharistiefeier und in den täglichen Gebeten ihrer Gläubigen erfleht die Kirche das Erbarmen Gottes, der ‚nicht will, dass jemand zugrunde geht, sondern dass alle sich bekehren‘.“[120]

Wer kommt also in die Hölle? Der Katechismus sagt dazu wörtlich:

„Die Lehre der Kirche sagt, dass es eine Hölle gibt und dass sie ewig dauert. Die Seelen derer, die im Stand der Todsünde sterben, kommen sogleich nach dem Tod in die Unterwelt, wo sie die Qualen der Hölle erleiden, ‚das ewige Feuer‘. Die schlimmste Pein der Hölle besteht in der ewigen Trennung von Gott, in dem

---

120 2 Petr 3,9; KKK, Nr. 1037

allein der Mensch das Leben und das Glück finden kann, für die er erschaffen worden ist und nach denen er sich sehnt."[121]

Wir können es auch so ausdrücken: Wer im Augenblick des Todes im Stand der Todsünde ist und die Barmherzigkeit Gottes bis zum letzten Augenblick bewusst ablehnt, die ihm auf jeden Fall angeboten wird, wird nach der Lehre unserer Kirche in die Hölle kommen,[122] nicht jedoch weil Gott ihn dorthin schicken möchte, sondern weil er es selbst will. Wenn einer nicht in den Himmel kommt, dann liegt es bestimmt nicht an Gott, sondern an ihm allein, denn Gott *„will, dass alle Menschen gerettet werden und zur Erkenntnis der Wahrheit gelangen"*, so heißt es wörtlich im Neuen Testament.[123]

Der Mensch kann aber, weil er frei ist, dieses Angebot ablehnen. Fazit: In die Hölle kommen also nur diejenigen, die das ihnen im Augenblick des Todes überdeutlich wahrnehmbare Angebot Gottes, ihre Todsünden zu vergeben, bewusst und in aller Entschiedenheit ablehnen. Das ist Stolz pur. Der Stolz des Menschen kommt am stärksten zum Vorschein, wenn man sich nicht vergeben lässt. Dieses *„Sich-nicht-vergeben-Lassen"* ist übrigens die Sünde gegen den Heiligen Geist, über die Jesus sagt, sie finde kein Erbarmen; ich wiederhole: Nicht weil Gott die Sünde nicht vergeben möchte, können Menschen in

---

121 KKK, Nr. 1035

122 Ob er das wirklich tut, können wir aber für die Praxis nicht sagen, da wir kein Urteil darüber fällen können und dürfen. Denn niemand kann sagen, was letztlich subjektiv in diesem Menschen geschieht und wie weit er das wirklich so will, wie die Theorie es beschreibt. Der KKK sagt in Nr. 1861 dazu: „Wenn wir auch beurteilen können, dass eine Handlung in sich ein schweres Vergehen darstellt, müssen wir das Urteil über die Menschen der Gerechtigkeit und der Barmherzigkeit Gottes überlassen."

123 1 Tim 2,4

die Hölle kommen, sondern weil der Betreffende sich nicht vergeben lassen will.[124]

124 Über die Sünde gegen den Heiligen Geist: siehe KKK, Nr. 1864

Kapitel XI.

Die Wiederherstellung der Schöpfungsordnung

Am Jüngsten Tag beginnt die endgültige Phase des Menschenlebens, ja der gesamten Schöpfung. An diesem Tag wird sich endlich ereignen, was der Schöpfergott am Anfang der Geschichte bei der Erschaffung des ganzen Universums gewollt hat, nämlich, dass die Menschen in einem absolut bezaubernden Paradies als seine *„weiteren Kinder"* in grenzenloser Erfüllung leben, im vollen Bewusstsein ihrer Gottesähnlichkeit und in einem Zustand des harmonischen inneren Gleichgewichts aller menschlichen Dimensionen. Der Jüngste Tag ist nach der Schöpfung zweifellos der wichtigste Tag in der Planung Gottes für den Menschen. Es ist der Tag des Triumphes Gottes. Sehr plakativ ausgedrückt: Es ist der Tag, an dem Gott sich endlich *„durchgesetzt hat"*. Seine Geistesgröße und seine Barmherzigkeit haben diesen Triumph ermöglicht. Und für den Menschen beginnt an diesem Tag die wahre Apotheose des Lebens, ein Leben, wie es beglückender und erfüllender nicht sein kann. *„Kein Auge hat gesehen, kein Ohr hat gehört, keinem Menschen ist in den Sinn gekommen, was Gott denen bereitet hat, die ihn lieben"*[125], heißt es dazu in der Heiligen Schrift. Und was ist es, was Gott uns bereitet hat? Bereitet hat er uns einen neuen Himmel und eine neue Erde,

---

125 1 Kor 2,9

„*denn der erste Himmel und die erste Erde sind vergangen*".[126]
Das ist also das neue Domizil des Menschen ab dem Jüngsten
Tag: der neue Himmel und die neue Erde. Was ist das aber,
der neue Himmel und die neue Erde? Wie wird diese neue
Heimat des Menschen sein? Wie wird unser Leben dort aussehen? Was werden wir da machen? Wir befragen die Heilige
Schrift, sie ist ja die einzige uns zur Verfügung stehende
seriöse Informationsquelle. Im Buch der Apokalypse werden
wir darüber unterrichtet: „*Wer siegt*" (d.h. wer gewürdigt ist,
in der Heimat des neuen Himmels und der neuen Erde zu
wohnen) „*wird dies als Anteil erhalten: Ich werde sein Gott sein
und er wird mein Sohn sein.*"[127] So spricht der Herr. Das ist also
das Ambiente des neuen Himmels und der neuen Erde, das
ist die Atmosphäre, in der sich das Leben des Menschen ab-
spielen wird! In seinem neuen Domizil wird sich der Mensch
– Mann wie Frau[128] – als Kind Gottes wissen, fühlen und
sich dementsprechend verhalten. Das ist also die eigentliche
Mitte des Lebens des Menschen nach dem Jüngsten Tag: das
ununterbrochene Bewusstsein, ein Kind Gottes zu sein. Der
Mensch wird im Licht dieses Wissens sein Leben gestalten.
Egal, was er tut, denkt, fühlt oder unternimmt, alles wird geschehen auf dem Hintergrund erlebter Gotteskindschaft. Dass
dies so sein wird, ist nur logisch, denn dazu hatte Gott ja die
Menschen erschaffen, um „*seine weiteren Kinder*" zu werden.
Wir erinnern uns, wie dies zustande kam: Gott, der seit aller
Ewigkeit einen Sohn hatte, den er unermesslich liebte und
von dem er ebenso unermesslich zurückgeliebt wurde, war
von diesem Liebesfluss derart beglückt und erfüllt, dass er sich

---

126 Offb 21,1

127 Offb 21,5.7

128 Gen 1,27: „Als Mann und Frau schuf er sie."

weitere Kinder wünschte, mit denen er ähnliche Liebeserfahrungen machen könnte wie mit seinem eingeborenen Sohn. Und damit dies möglich sei, erschuf er den Menschen nach seinem Abbild, ihm ähnlich, als Mann und Frau erschuf er sie. Dieses Vorhaben Gottes, dass die Menschen seine weiteren Kinder seien, scheiterte jedoch durch die Erbsünde, wird in der neuen Erde nach dem Jüngsten Tag dank der von Jesus Christus vollzogenen Erlösung jedoch wiederhergestellt.

Und so gelangen wir zu der Erkenntnis, dass der eigentliche Kern des Menschen überhaupt seine Gotteskindschaft ist. Und so begreifen wir auf einmal, dass die Gotteskindschaft das konstituierende Element des Menschen überhaupt ist, der Urgrund seiner Existenz: Wir sind erschaffen, damit wir Kinder Gottes sind. Und es täte uns gut, wenn wir dies nicht nur als eine großartige intellektuelle, theologisch-wissenschaftliche Erkenntnis gewinnen, sondern auch als einen wichtigen Hinweis für die Gestaltung unseres jetzigen Lebens auf Erden verstehen würden. Unser Gott ist für uns kein bloßer Gesetzgeber, geschweige denn ein Ordnungshüter oder Sittenwächter. So wichtig auch diese und weitere ehrbare Lebensdimensionen für den Menschen sind, das Wichtigste im Menschen ist ohne Frage, dass Gott für ihn Vater und Mutter zugleich ist.

Nach dem Jüngsten Tag wird dieses Wissen die Beziehung des Menschen zu Gott in seiner neuen Heimat prägen. Und darum ist es wichtig, dass der Christ sich schon jetzt auf Erden daran gewöhnt und sich darin einübt, sich als ein Kind Gottes zu verstehen und dementsprechend zu verhalten. Ich wiederhole: Das Faktum der Gotteskindschaft und deren Pendant, das Bewusstsein nämlich, ein Kind Gottes zu sein, prägt die Atmosphäre der Gott-Mensch-Beziehung in der Ewigkeit. Deshalb lebt der Christ schon auf Erden genau richtig, wenn

113

er sich bemüht, seine Beziehung zu Gott als eine kindliche Beziehung zu gestalten. Weil die Vater-Kind-Beziehung offenbar so tragend ist, hat Jesus einmal in aller Deutlichkeit gesagt, dass nur die Kinder und die, die sich wie Kinder verhalten, in das Himmelreich gelangen können.[129] Wer das verstanden hat und sich darin zu üben versucht, der hat das Christentum wirklich entdeckt, bzw. neu entdeckt. Und er wird die fröhliche Unbeschwertheit der Kinder genießen. Kleinkinder wissen sich nämlich von Vater und Mutter geliebt, sie wissen sich ihnen zugehörig, fühlen sich bei ihnen geborgen, erfahren das Zuhause der Eltern als ihr eigenes Zuhause. Zwischen Eltern und Kinder läuft eine Welle der Einheit und der Gemeinsamkeit. Man ist vertraut miteinander, das Kind weiß, bei Vater und Mutter bin ich sicher. Kinder wissen, die Eltern sind keine Instanzen, keine Behörde, sie sind vielmehr die Menschen, von denen sie am meisten geliebt werden. Wer mit Gott so umgeht wie ein Kind mit seinem Vater und seiner Mutter, der ist garantiert auf dem Weg der Heiligkeit, d.h. er entspricht durch seinen Lebenswandel dem Herzenswunsch Gottes des Vaters. Und er wird jene Frische und Unbekümmertheit erfahren, die Kindern eigen ist, wenn sie ihren Eltern völlig vertrauen.

Was ergibt sich aus diesen Überlegungen? Das ist nicht schwer zu sagen: Es ergibt sich, dass das Bewusstsein der Gotteskindschaft das Zentrum und die Mitte des christlichen Lebens ist. Denn dafür, dass die Menschen sich als Kinder Gottes erfahren, als solche leben und darum in einem gottähnlichen, beglückenden Zustand ihre Tage gestalten, hat der Schöpfergott sie ja erschaffen und Jesus Christus sie erlöst. Und weil es so ist, denke ich, wären wir in der Kirche ein Stück weiter,

---

129 Vgl. Mt 18,3

wenn die Gotteskindschaft in die Mitte unserer Verkündigung treten würde. Unsere Kirche braucht unbedingt eine Kultur der Gotteskindschaft! Denn – ich wiederhole – dafür wurden wir doch erschaffen und erlöst, dass wir als Kinder Gottes leben. Die Amtsträger mit ihrer öffentlichen Verkündigung und die Laien mit ihrem passenden Verhalten im Alltag wie auch durch ihr persönliches Apostolat mögen dazu beitragen, dass die Kirche sich als die Familie der Kinder Gottes versteht und auch dass die Christen einen völlig unkomplizierten kindlichen Umgang mit Gott dem Vater zu pflegen lernen, so ungefähr wie ein Bruder oder eine Schwester mit dem älteren Bruder. Dann wird sich wieder einmal ergeben, was in der Urkirche völlig normal war: *„Die Gemeinde der Gläubigen war ein Herz und eine Seele.“*[130] Sie waren es, weil sie wussten, dass sie zusammengehörten.

„Seht, wie groß die Liebe ist, die der Vater uns geschenkt hat: Wir heißen Kinder Gottes, und wir sind es … Wir sind jetzt Kinder Gottes. Aber was wir sein werden, ist noch nicht offenbar geworden. Wir wissen, dass wir ihm ähnlich sein werden, wenn er offenbar wird, denn wir werden ihn sehen, wie er ist.“[131] Diese *„Steigerung“* der Gotteskindschaft, die hier erwähnt wird, ist nichts anderes, als die unverkrampfte Natürlichkeit, mit der die Heiligen im Himmel mit Gott dem Vater umgehen werden.

---

130 Apg 4,32

131 1 Joh 3,1-2

Kapitel XII.

Die Auferstehung der Toten

Das *Große Glaubensbekenntnis* unserer Kirche[132] schließt mit den Worten: *„Wir erwarten die Auferstehung der Toten und das Leben der kommenden Welt."* Hier ist die Rede von einer Welt, die noch nicht da ist, sie wird also noch kommen und steht offenbar mit der Vollendung der Geschichte, dem Jüngsten Tag, in Verbindung. Was ist das für eine Welt? Sie ist bestimmt nicht der Himmel, in dem Gott heute mit den Engeln, mit Maria und mit den Seelen der Heiligen lebt. Denn diese Welt erwarten wir nicht, sie ist schon da. Die Welt, die unser Glaube mit der Bezeichnung *„die kommende Welt"* versteht, wird erst am Jüngsten Tag beginnen. Sie ist eine Welt, in der jene Menschen wohnen werden, die am Jüngsten Tag beim Letzten Gericht für würdig erachtet werden, in alle Ewigkeit mit Jesus Christus zusammenzuleben, in der vollen Entfaltung ihres Menschseins.

Die neue Welt, von der das Große Glaubensbekenntnis spricht, ist also der *„Lebensraum"*, in dem der erlöste Mensch nach dem Jüngsten Tag das *„ewige Leben"* führen wird, von dem das *Apostolische Glaubensbekenntnis* spricht.[133] Das ewige Leben! Was ist das ewige Leben? Das ewige Leben ist Teilhabe am Leben Gottes. Gott, der in seinem Lebensstil und in seiner Lebensart überglücklich und lückenlos erfüllt ist, gibt

---

132 Gotteslob 586, 2

133 Gotteslob 3, 4

dem Menschen daran Anteil. Offenbar will Gott sein eigenes Leben auch im Leben der Menschen weiterführen, wodurch der Mensch gewissermaßen vergöttlicht wird. Diesen Anteil göttlichen Lebens im Menschen nennen wir „*das ewige Leben*". Und was geschieht im Menschen, wenn er das ewige Leben erlebt? Als Teilhaber am Leben Gottes erlebt er sein Menschsein in allen Dimensionen – geistigen wie leiblichen – in inniger Verbundenheit mit Gott. Ohne Beeinträchtigung seiner rein menschlichen Konzentration auf das, was er gerade tut, weiß er sich bei Gott. Dieses „*Sich-bei-Gott-Wissen*" motiviert ihn dazu, das, was er gerade tut, so vollkommen wie möglich zu tun, es aufs Intensivste zu erleben. Ob das, womit er sich gerade beschäftigt, etwas Geistiges oder etwas Materielles ist, spielt ja keine Rolle, denn Gott steigt aus dem Menschen nicht aus, wenn dieser sich mit etwas befasst oder etwas erlebt, was nicht direkt religiös ist. „*Auch bei den Töpfen ist der Herr*", sagte Teresa von Àvila. Und Paulus sagt das Gleiche, wenn er schreibt: „*Gott ist alles in allem.*"[134] Und darum kann der Mensch Gott eigentlich in allem entdecken, denn er ist in allem.

Nun kehren wir nach diesem kleinen Exkurs zu unserem Hauptthema zurück: Was geschieht am Jüngsten Tag? Am Jüngsten Tag bricht in der Schöpfung Gottes eine neue Ära an, die endgültige Ära im Plan Gottes für die Schöpfung. Diese neue Ära hat nach der Aussage der Heiligen Schrift zwei Komponenten: den neuen Himmel einerseits und die neue Erde andererseits. In der Offenbarung des hl. Johannes hören wir Genaueres darüber. Dort heißt es: „*Ich sah einen neuen Himmel und eine neue Erde, denn der erste Himmel und die erste*

---

134 Vgl. 1 Kor 15,28

Erde sind vergangen."[135] Auch der hl. Petrus bezeugt, dass am Letzten Tag der Geschichte ein neuer Himmel und eine neue Erde beginnen werden zu existieren. Er sagt: „*Wir erwarten der Verheißung Gottes gemäß einen neuen Himmel und eine neue Erde, in denen die Gerechtigkeit wohnt.*"[136] Dieser neue Himmel und diese neue Erde sind übrigens bereits im Alten Testament prophezeit worden. So schreibt der Prophet Jeremia im 65. Kapitel seines Buches: „*Vergessen sind die früheren Nöte, sie sind meinen Augen entschwunden. Denn schon erschaffe ich einen neuen Himmel und eine neue Erde. Man wird nicht mehr an das Frühere denken, es kommt niemand mehr in den Sinn. Nein, ihr sollt euch ohne Ende freuen und jubeln über das, was ich erschaffe.*"[137] Mit dem neuen Himmel und der neuen Erde ist die Ordnung des Anfangs, d.h. die Schöpfungsordnung, wiederhergestellt. Die Erlösung ist dann vollendet. In diesem neuen Himmel und in dieser neuen Erde wird sich das Leben derer entfalten, die Ja zu Christus gesagt haben.

In dieser neuen Welt werden die Menschen in ihrem endgültigen Zustand leben, d.h. sie werden mit ihrem Leib – mit dem auferstandenen verklärten Leib – und mit ihrer Seele ewig leben. Der Katechismus sagt dazu: „*Durch den Tod wird die Seele vom Leib getrennt; in der Auferstehung aber wird Gott unserem verwandelten Leib das unvergängliche Leben geben, indem er ihn wieder mit unserer Seele vereint. Wie Christus auferstanden ist und immerdar lebt, so werden wir alle am Letzten Tag auferstehen.*"[138]

---

135 Offb 21,1

136 Vgl. 2 Petr 3,12

137 Jes 65,16e-18

138 KKK, Nr. 1016

Dass der Mensch, sein Fleisch, auferstehen wird, ist ein wichtiger, ja ein sehr wichtiger Inhalt unseres Glaubens. Für uns Menschen ist die Auferstehung der Toten sehr wichtig, denn dadurch findet der Mensch zu jenem Zustand des Anfangs, den Gott uns bei unserer Erschaffung geschenkt hatte und der durch die Erbsünde verloren gegangen war. Es hat lange gedauert, bis die ursprüngliche Ordnung wiederhergestellt werden konnte, doch: *„Ende gut, alles gut!"* Wenn die Auferstehung der Toten für uns Geschöpfe außerordentlich wichtig ist, umso wichtiger ist sie für Gott. Denn durch die Auferstehung und das daran anschließende höchst beglückende Leben der Menschen schafft Gott endlich, dass der Mensch das wird, was er für ihn seit aller Ewigkeit vorgesehen hatte. Dieses *„Erfolgserlebnis"*, wenn ich dies so ausdrücken darf – erfüllt Gott mit einer unbeschreiblichen existenziellen Freude. Es ist die Freude des Liebenden, der sich nach langem Warten mit dem Geliebten vereinigen darf und dabei die Ekstase der Liebe erlebt. Nach der Auferstehung der Toten schaut Gott sich die Menschen an, wie sie dastehen mit ihrem Leib und mit ihrer Seele, und empfindet wieder einmal jenes erfüllende und schöne Gefühl, das ihn überwältigte, als er am sechsten Tag der Schöpfung *„alles sah, was er gemacht hatte"* und dabei feststellte, dass *„es sehr gut war"*[139], wie es in der Genesis heißt.

Beim Anblick des Menschen am Jüngsten Tag ruht Gott also genüsslich in seiner Freude. Sein Plan für den Menschen ist endlich aufgegangen! Und wir Menschen werden in tiefer Dankbarkeit und in einer echten Explosion der Freude die Weisheit und Barmherzigkeit Gottes anbetend loben. Warum es mit der Wiederherstellung der ursprünglichen Ordnung so lange gedauert hat, darüber können wir uns natürlich Gedan-

---

139 Gen 1,31

ken machen, die bessere Antwort auf diese Frage finden wir jedoch in jenem Wort des Psalms Nr. 90, wo es heißt: *„Tausend Jahre sind für dich, Herr, wie der Tag, der gestern vergangen ist, wie eine Wache in der Nacht."*[140]

Der langen Rede kurzer Sinn: Die Toten werden auferstehen. Genauere Details über den Vorgang der Auferstehung unserer Leiber wie auch über die Lebensweise des Menschen in der Ewigkeit im Anschluss an den Jüngsten Tag kennen wir zwar nicht präzise, doch manche Aussagen der Heiligen Schrift – immerhin Offenbarung Gottes! – gepaart mit den erkenntnistheoretisch sicheren Regeln der strengen metaphysischen Logik erlauben uns doch, uns ein gewisses Bild von dem zu machen, was die Auferstehung der Toten ist und wie die Lebensweise der Menschen in der Ewigkeit, d.h. im neuen Himmel und in der neuen Erde sein wird. Wichtigste Quelle für unsere Erkenntnisse ist, ich wiederhole, die Auferstehung Jesu Christi wie auch sein Erscheinen in der Welt nach der Auferstehung.

Nach seiner Auferstehung von den Toten erschien Jesus mehrmals den Seinen als Lebender. Er war bestimmt derselbe Jesus, der am Freitag davor offenkundig gekreuzigt und begraben worden war, denn er trug ja die Wundmale seiner Kreuzigung an seinem Körper.[141] Jesus erschien ihnen jedoch nicht mehr im Gewand eines irdischen Leibes, er erschien ihnen mit seinem verklärten Leib. Der Jesus, der den Seinen nach seiner Auferstehung erschien, war kein Erdbewohner mehr, er wohnte bereits im Himmel und *„besuchte"* nun die Erde als Person des Jenseits. Dass die Evangelien von verschiedenen Auftritten Jesu im verklärten, verherrlichten Zustand

140 Ps 90,4
141 Vgl. Joh 20,24-29

ziemlich präzise erzählen, ist für die Nachwelt, also für uns, von eminenter Bedeutung; diese Berichte enthalten eine wirklich unschätzbare Aussagekraft. Denn aus den Auftritten Jesu nach seiner Auferstehung können wir wertvolle Erkenntnisse über die Beschaffenheit des verklärten menschlichen Leibes gewinnen und mithin über das Verhalten des Menschen auf der neuen Erde nach der Auferstehung seines Leibes. Dies zu erfahren ist für uns wichtig, denn ab dem Jüngsten Tag, den wir alle einmal erleben werden, wird es keinen irdischen Leib mehr geben. Der irdische Leib, der bis dahin im Grab verweste, wird von Gott in einen verklärten Leib umgewandelt. Das geschieht eben am Jüngsten Tag, und darin besteht die Auferstehung der Toten. Wie Christus damals aus dem Grab nicht mit dem irdischen, sondern mit dem verwandelten Leib erstand, so wird es am Ende der Zeit mit jedem Menschen geschehen: Wir werden mit einem verklärten Leib auferstehen, nachdem unsere Seele, die die ganze „Zeit" bis zum Jüngsten Tag im Himmel allein verbracht hat, sich mit ihm vereint.

Jeder Mensch wird am Jüngsten Tag verwandelt, nicht nur die, die als Heilige in die Herrlichkeit des Zuhause Gottes eintreten werden. Auch der Leib derer, die für immer in die Hölle gehen, wird verwandelt, doch nicht verklärt.

Und nun die Frage: Wie sieht das Leben des Menschen in der Ewigkeit nach dem Jüngsten Tag aus? Nach dem Jüngsten Tag erlebt der Mensch sein Dasein in der Vollständigkeit seiner ganzen Person, d.h. im Besitz seiner Seele *und* seines Leibes. Der verklärte Leib ist derselbe Leib von früher, nur die Erscheinungsform ist eine andere. Der auferstandene Jesus und der Jesus vor seiner Kreuzigung ist ein- und dieselbe Person. Der verklärte Leib ist also der verwandelte irdische Leib. Wie kommt es zu dieser Verwandlung? Sie ergibt sich durch die Schöpferkraft Gottes, wenn die Erlösung auf den Menschen allumfänglich endgültig und unumkehrbar trifft. Wie diese Verwandlung vor sich geht, erklärt der heilige Paulus so: *„Gesät wird ein irdischer Leib, auferweckt ein überirdischer Leib."*[142] Der Übergang des irdischen Leibes in einen überirdischen, verklärten Leib ist ein Werk Gottes, kein selbstständiger Automatismus. Paulus spricht sogar von einer *„neuen Schöpfung"*.[143] Der verklärte Leib ist der dank der an ihm vollzogenen Erlösung wiederhergestellte irdische Leib des Menschen. Dieser wiederhergestellte Leib ist somit der gleiche Leib von früher, doch besitzt er manche Eigentümlichkeiten, die ihn vom ehemaligen irdischen Leib unterscheiden. Die Erscheinungen Jesu nach seiner Auferstehung wie auch sein Verhalten in der Zeit bis zu seiner Himmelfahrt zeigen die Eigentümlichkeiten des verklärten Leibes. Denn – man darf dies nicht aus den Augen verlieren – gekreuzigt und begraben wurde der irdische Leib Jesu, auferstanden ist aber der verklärte.

Welche sind die Eigentümlichkeiten des verklärten Leibes?

Jesus ist ohne Fremdhilfe aus dem Grab gestiegen. Ohne an die Tür anklopfen zu müssen, ging er in den Abendmahlssaal hinein, in dem sich die Jünger aus Angst vor den Juden hinter verschlossener Tür aufhielten[144], den Jüngern von Emmaus begegnete er auf ihrem Weg zu ihrem Heimatort, er unterhält sich mit ihnen[145] und von jetzt auf gleich steht er im mehrere Kilometer entfernten Jerusalem im Abendmahlssaal unter seinen Jüngern.[146] Daraus geht hervor, dass sich der verklärte Leib

---

142 1 Kor 15,42-44

143 Vgl. 2 Kor 5,17

144 Vgl. Joh 20,19

145 Vgl. Lk 24,13-30

146 Vgl. Lk 24,36

offensichtlich einer erhöhten „*Beweglichkeit*" erfreut, er ist den Dimensionen von Zeit und Raum nicht mehr unterstellt. Und so wie es bei Christus nach seiner Auferstehung war, so wird es bei allen Menschen nach dem Jüngsten Tag im neuen Himmel und in der neuen Erde sein. Die Frage, wie der Leib aussehen wird, ob ein junger, oder vielleicht ein etwas älterer, reiferer Leib auferstehen wird, ob wenig vorteilhafte Erscheinungsmerkmale des irdischen Körpers verschwunden sein werden, darüber kann ich keine verbindliche Aussage machen. Doch eines kann man wohl voraussagen: Der auferstandene Leib des Menschen – der verklärte Leib nämlich – ist ein von der Erbschuld befreiter Leib. Er muss darum ein wunderschöner, herrlich aussehender Leib sein, ein Leib, der in harmonischer Einheit mit der Seele die Herrlichkeit Gottes ausstrahlt, hat die menschliche Person als Einheit aus Leib und Seele doch Anteil an der Gottheit, die die Schönheit schlechthin ist. Alles spricht dafür, dass der Mensch in seinem verklärten Leib sehr schön aussehen wird.

Kapitel XIII.

Wie wird man
auf der neuen Erde leben?

Mit der „Wiedervereinigung" von Seele und Leib am Jüngsten Tag endet die irdische Geschichte und beginnt für den gesamten Menschen das Leben in der Ewigkeit. Der in die Ewigkeit eintretende verklärte Leib ist in der Einheit der Person von jeglicher Anhänglichkeit an die Sünde befreit. Das war ja der Zustand des Leibes unserer Stammeltern vor der Erbsünde. Bis zur Versuchung durch den Teufel führten beide ein menschliches Leben ohne Neigung zur Sünde, sie lebten ja in der ursprünglichen Gerechtigkeit und Reinheit der Kinder Gottes, sie waren mit Gott sozusagen per Du, sprachen mit ihm in der Natürlichkeit und der Unmittelbarkeit, mit der Verwandte oder Freunde miteinander zu sprechen pflegen. Erst durch die Sünde wurde der Leib des Menschen zu einem sterblichen Leib und damit wurde der Mensch entstellt. Hätte es keine Erbsünde gegeben, würde der Mensch stets einen verklärten Leib gehabt haben.

Heißt das, dass der irdische Leib schlecht ist oder gar böse, bzw. dass er im Grunde ein Hindernis für die Verbindung des Menschen mit Gott ist? Nein, so ist es nicht. Auch Jesus hatte einen irdischen Leib und mit diesem Leib hat er ein wunderbares, großartiges Leben geführt, durch das seine Gottheit hindurchschimmerte, so dass zu Recht gesagt werden kann, Christus habe mit seinem irdischen Leib das Göttliche durch das Menschliche offenbart. Sein Körper und sein irdisches Verhalten waren sozusagen ein äußeres Ausdrucksorgan seines göttlichen Inneren. Durch seine Auferstehung verwandelte sich sein Leib aber in einen verklärten Leib. Und mit diesem Leib ist er seitdem im Himmel, denn Jesus hat nach seiner Himmelfahrt seine Menschheit nicht abgelegt.

Wir sprachen von den Eigenschaften des verklärten Leibes und sagten, wir erfahren sie an der Art und Weise, wie der auferstandene Jesus sich verhalten hat. Unter diesen Qualitäten ist u.a. die außerordentlich schnelle Beweglichkeit zu verzeichnen. Man erlaube mir, hierzu etwas zum Schmunzeln anzubringen: In der Ewigkeit braucht man keine Autoindustrie, keine Busse, keine Flugzeuge, keine Tickets mehr. Die Fortbewegung der Menschen dort wird so schnell und unkompliziert sein, wie unsere Gedanken es heute schon sind. Im Nu werden wir überall hingehen können, werden wir „räumliche und zeitliche" Grenzen überschreiten und in der Lage sein zu erleben, was weit weg von uns woanders geschieht.[147]

Eine weitere Überlegung im Zusammenhang mit den Veränderungen des Menschen aufgrund der Verwandlung des irdischen Leibes in einen verklärten Leib sei mir noch erlaubt. Gott hat nichts ohne Grund erschaffen, alles hat einen Sinn. Die große Weite des Alls, die unzähligen Himmelskörper, die

---

147 Ich möchte nicht unerwähnt lassen, dass diese Darlegung zwar einer rein irdisch-menschlichen Denk- und Ausdrucksweise entspricht, die von der Gesetzlichkeit der verklärten Welt abweicht. Denn in der Ewigkeit sind die typisch irdischen Dimensionen von Raum und Zeit ja aufgehoben. Und doch muss es auch dort etwas geben, das dem irdisch-menschlichen Begriff der Ausdehnung entspricht. Denn – wäre es nicht so – würde sich die Ewigkeit auf einen einzigen Punkt konzentrieren. Es gehört zur Demut des Menschen, nicht schon jetzt alles bis zum innersten Kern zu erfassen, was unser harrt. Man darf auf das Kommende gespannt sein!

Welt und die Welten, die zu uns herüberleuchten, die Galaxien mit ihrer unermesslichen Weite, alles, was in den noch unbekannten ätherischen Sphären verborgen liegt, das alles hat gewiss einen Sinn. Und es ist nicht verwunderlich, dass manche Menschen bei der Betrachtung der astronomischen Größen auf Gedanken kommen, die oft für reißerische Romane sorgen. Etwa dass nach dem Jüngsten Tag manche dieser unbewohnten Himmelskörper, die im All herumschwirren, als Heimstätte für unzählige Menschen dienen werden, die keinen Platz mehr auf Erden finden, so unzählig werde sich der Mensch im Lauf der Jahrtausende vermehrt haben! Das sei ja auch der Grund, warum der Schöpfer diese Himmelskörper erschaffen habe, deren Sinn und Aufgabe uns heute nicht aufgeht. So meinen einige. Es muss nicht so sein. Wäre es aber so, würde es auch in Ordnung sein.

Wie dem auch sei, klar ist, dass die Toten auferstehen werden, dass sie den Leib haben werden, den sie auf Erden gehabt haben, wenn auch in einem anderen Zustand. Der verklärte Leib gleicht aber nicht einer *„geistigen Hülle"* des Menschen, er wird vielmehr ein *„vom Geist des wahren Menschseins durchtränkter Leib"* sein. Der verklärte Leib ist durchaus Materie, ja noch mehr: Er ist die ursprüngliche Ausformung der Materie des menschlichen Leibes. Der Schöpfungszustand der Leiber unserer Stammeltern entsprach dem, was wir heute den Zustand verklärter Leiber nennen.

Aus dem Verhalten Jesu nach seiner Auferstehung ergeben sich weitere Erkenntnisse über die Beschaffenheit des verklärten Leibes. Maria Magdalena erkennt Jesus am Grab nicht. Sie meint, er sei der Gärtner und fragt ihn, wo der Leichnam Jesu liege, sie wolle ihn salben, wie es bei den Juden Brauch war. An der Stimme aber erkannte sie ihn: *„Maria!"*, sagte Jesus zu ihr, *„da wandte sie sich ihm zu und sagte auf Hebräisch* *zu ihm Rabbuni!, das heißt: Meister*"[148] und wollte ihn gleich berühren.[149] Warum das so war, dass Maria Magdalena Jesus nicht gleich wiedererkannte, wissen wir nicht, man kann aber darüber spekulieren. Vielleicht will diese Begebenheit zeigen, dass der irdische Mensch nicht dazu befähigt ist, das Übernatürliche auf Anhieb zu erfassen. Maria Magdalena war zum Zeitpunkt der Auferstehung Jesu selbstverständlich im Besitz ihrer irdischen Verfasstheit und darum vermochte sie nicht gleich den auferstandenen Jesus in seinem verherrlichten Leib auszumachen. Auch Moses konnte die Herrlichkeit Gottes nicht direkt schauen. Und der hl. Johannes belehrt uns in seinem ersten Brief: *„Niemand hat Gott jemals gesehen.*"[150] Der verklärte Leib des Menschen hingegen, den jeder Mensch am Jüngsten Tag erhalten wird, kann das Göttliche *„von Angesicht zu Angesicht"* sehen.[151] Also: Was die Menschen vor ihrer vollständigen Erlösung nicht können, das können die Erlösten offenbar problemlos. Die Heiligen im Himmel verkehren mit Gott und sind mit dem Göttlichen vertraut und sie besitzen eine tiefe Erkenntnis des Übernatürlichen. Und im Umgang mit den weiteren Bewohnern in den himmlischen Sphären wird es so sein, dass jeder jeden ganz erfassen kann, wir werden uns gegenseitig sehen, wie Gott uns sieht. Das wird möglich sein, weil das Licht, das aus der Herrlichkeit Gottes strahlt, uns erreicht, und in diesem Licht erfassen wir die anderen Bewohner der Ewigkeit bis in ihr Innerstes. Nichts an ihnen wird uns unbekannt bleiben. Ich wiederhole: Wir werden sie sehen, wie Gott sie sieht, was bedeutet, dass wir

---

148 Joh 20,16
149 Joh 20,17
150 1 Joh 4,12
151 1 Kor 13,12

in ihnen nur das Gute sehen werden. Böses kann es in ihnen sowieso nicht mehr geben, denn sie sind im Blut des Lammes reingewaschen.[152]

Am Ende der Zeiten, d.h. am Jüngsten Tag, beginnt für die Menschen, aber auch für Jesus Christus und seine Mutter, die beide seit ihrem biologischen Tod inzwischen vor gut 20 Jahrhunderten mit verklärten Leib im Himmel weilen, eine neue Ära, die endgültige Ära nämlich. Es ist die Ära des Triumphes Gottes, der seinen Plan für den Menschen endlich verwirklicht sieht. Dieser Plan ist das Reich Gottes, die Verwirklichung der Vorstellung des göttlichen Heilsplans für den Menschen und für die gesamte Schöpfung. Es ist aber auch zugleich die Ära der Verwirklichung des Menschen, der seine Verwurzelung in Gott an der eigenen Person existenziell erfährt. Beim Beginn dieser neuen Ära bewahrheitet sich im vollen Umfang jenes Wort der Schrift: *„Das Alte ist vergangen, Neues ist geworden."*[153] Was ist neu geworden? Geworden sind ein neuer Himmel und eine neue Erde als endgültiges Zuhause des Menschen.

Nun fragen wir uns: Wie sieht diese Unterkunft konkret aus? Wir wollen sie uns nun etwas genauer anschauen. Das Erste, was uns dabei auffällt, ist, dass sie von Gott für uns persönlich vorbereitet wurde. *„Im Hause meines Vaters gibt es viele Wohnungen"*, sagte Jesus einmal zu seinen Jüngern und fügte hinzu: *„Ich gehe, um einen Platz für euch vorzubereiten."*[154] Wenn Gott, der die Liebe und die Allmacht zugleich ist, uns selber die Wohnung aussucht und sozusagen einrichtet, dann wird jede Vorstellung, die wir uns davon machen können, so groß und herrlich sie auch nur sei, nichts im Vergleich mit

---

152 Vgl. Offb 7,14

153 2 Kor 5,17

154 Joh 14,2

dem sein, was Gott für uns tatsächlich vorbereitet hat. Eine Ahnung, wie diese neue Welt aussehen wird, können wir einer Beschreibung der Offenbarung des Johannes entnehmen: *„Dann sah ich einen neuen Himmel und eine neue Erde, denn der erste Himmel und die erste Erde sind vergangen ... Ich sah die Heilige Stadt, das neue Jerusalem, von Gott her aus dem Himmel herabkommen, sie war bereit wie eine Braut, die sich für ihren Mann geschmückt hat. Da hörte ich eine laute Stimme vom Thron her rufen: Seht, die Wohnung Gottes unter den Menschen! Er wird in ihrer Mitte wohnen und sie werden sein Volk sein und er, Gott, wird bei ihnen sein. Er wird alle Tränen von ihren Augen abwischen: Der Tod wird nicht mehr sein, keine Trauer, keine Klage, keine Mühsal. Denn was früher war, ist vergangen.“*[155]

Welche Erkenntnisse gewinnen wir daraus? Eine ganze Menge! Da ist zunächst einmal die Rede davon, dass etwas Kostbares vom Himmel auf die Erde herabkommt. Es ist so herrlich, dass es mit dem Bild der schönen Braut, die sich für ihren Mann geschmückt hat, beschrieben wird. Sodann wird festgestellt, dass dieses kostbare Gut Gott selber ist; er kommt auf die neue Erde herab, um bei uns zu wohnen, um uns zu begleiten, um uns Anteil an dem zu geben, was wirklich erfüllt. Und dann – gleich dem Schlussakkord einer fantastischen Symphonie – wird uns noch mitgeteilt, warum er überhaupt vom Himmel auf die Erde – auf die neue Erde! – herabkommt: *„Ich werde sein Gott sein und er wird mein Sohn sein.“*[156] Das ist es! Das war ja der Grund, warum er uns erschaffen hat, dass wir seine Kinder werden. Die Erbsünde hatte dieser Urabsicht Gottes einen Strich durch die Rechnung

---

155 Offb 21,1-4

156 Offb 21,7

gemacht. Aber jetzt – endlich! – jetzt, ist es soweit. Und Gott freut sich verständlicherweise unermesslich darüber.

Wie wird diese neue Erde entstehen, auf die Gott herabkommt, damit sie zwar irdisch bleibt, doch vom Übernatürlichen durchtränkt wird? Ist das eine neue Schöpfung? Ja, man kann es auch so ausdrücken. Diese neue Erde in der Kombination mit dem neuen Himmel wird tatsächlich am Jüngsten Tag entstehen, und zwar als Wohnort des Menschen, der sein Leben in dauernder Gemeinschaft mit Gott führen wird.

Und – wo werden sie stehen, der neue Himmel und die neue Erde? *Das wissen wir nicht.* Ich persönlich finde keinen einzigen triftigen Grund dafür, dass die neue Erde eine andere sein müsste, als die, in der wir gegenwärtig wohnen und leben, nachdem sie am Jüngsten Tag allerdings in den ursprünglichen Zustand zurückversetzt wurde, in dem der Schöpfergott sie am Anfang der Zeiten unseren Stammeltern als Wohnung gab. Für diese Einschätzung scheint zu sprechen, dass auch der Mensch am Jüngsten Tag nicht einen ganz neuen Leib erhält, sondern den alten, wenn auch in einem neuen Zustand. So scheint es durchaus logisch und zum Stil Gottes passend, dass die alte Erde nicht am Jüngsten Tag vernichtet, sondern lediglich verwandelt wird. Wir dürfen nicht außer Acht lassen, dass die Erde, wie sie aus den Händen des Schöpfergottes hervorgegangen ist, eine sehr gute Erde war.[157] Die Sünde war es, die sie verunstaltet und oft hässlich gemacht hat. Nach der Wiederherstellung der alten Ordnung am Jüngsten Tag wird sie, unsere Erde, wieder rein sein, sie wird von jeglichem Makel der Sünde befreit und wird glänzen, wie sie am Anfang glänzte. Wenn unsere Erde auch schon heute, trotz der

---

157 Gen 1,31

Folgen der Sünde, schön ist, was wird sie für eine Pracht sein, wenn all das Böse aus ihr verschwindet! Man stelle sich eine Erde ohne Böses und ohne Naturkatastrophen vor: Das wäre fantastisch! Der Prophet Jesaja beschreibt den Zustand der neuen Erde mit folgenden Worten, die er Gott am Jüngsten Tag in den Mund legt: *„Ja, vergessen sind die früheren Nöte, sie sind meinen Augen entschwunden. Denn schon erschaffe ich einen neuen Himmel und eine neue Erde. Man wird nicht mehr an das Frühere denken, es kommt niemand mehr in den Sinn. Nein, ihr sollt euch ohne Ende freuen und jubeln über das, was ich erschaffe. Denn ich mache aus Jerusalem[158] Jubel und aus seinen Einwohnern Freude. Ich will über Jerusalem jubeln und mich freuen über mein Volk. Nie mehr hört man dort lautes Weinen und lautes Klagen. (…) Wolf und Lamm weiden zusammen; der Löwe frisst Stroh wie das Rind. Man tut nichts Böses mehr und begeht kein Verbrechen.“*[159]

Das Leben auf dieser neuen Erde wird offensichtlich ein wunderbares, beglückendes Leben sein. Auf der neuen Erde erlebt der Mensch die Vollendung des Seins.

Die Heilige Schrift spricht von einer neuen Erde, aber auch von einem neuen Himmel. Wie ist das zu verstehen? Wird der Mensch von der neuen Erde einmal wegmüssen und in diesen neuen Himmel einziehen? So ungefähr wie es jetzt ist, dass wir irgendwann die Erde verlassen, um (hoffentlich!) in den Himmel zu kommen? Auf gar keinen Fall! Der neue Himmel ist keine von der neuen Erde getrennte Wirklichkeit, er ist so etwas wie die *Seele* der neuen Erde. Der neue Himmel ist Gott selber, der auf die neue Erde herabkommen wird, um bei den

---

158 Unter Jerusalem ist in diesem Kontext die ganze Schöpfung zu verstehen, besonders die Menschheit.

159 Jes 65,16b-19.25

Menschen zu wohnen. Der neue Himmel ist das Göttliche im Menschlichen. Der Mensch wird sein Leben auf der neuen Erde in dem stets andauernden Bewusstsein führen, dass Gott bei ihm ist, dass er ihn liebt, dass er sich über ihn freut, dass er ihn begleitet. So wird er alles, was er tut, in bewusster, inniger und kindlicher Verbindung mit Gott tun.

Diese Erkenntnis ist keine theoretische Erkenntnis. Im Gegenteil: Das Wissen, dass es so sein wird, fordert uns gerade heraus, schon jetzt zu Lebzeiten den Versuch zu unternehmen, unser heutiges Verhalten dem künftigen möglichst getreu anzupassen. Wer diese Herausforderung auf sich nimmt und sich darum bemüht, sein Leben im Gleichklang mit Gott zu gestalten, der ist ein echter, wahrer Christ und lebt christlich. Das Leben im Gleichklang mit Gott zu gestalten! Das ist das Christsein! Wer sich bemüht, sein Alltagsleben im Bewusstsein seiner Gotteskindschaft zu gestalten, erlebt schon jetzt gleichsam eine gewisse Vorwegnahme dessen, was er in vollen Zügen erst in der Ewigkeit erleben wird. Mit dem Unterschied, dass wir uns jetzt darum bemühen müssen, in der Ewigkeit hingegen wird uns gegeben sein. Mühe, Stress, Aufregung u.ä. werden auf der neuen Erde Fremdwörter sein.

Und – was macht der Mensch auf der neuen Erde, außer dass er vom Göttlichen durchtränkt wird und sich seiner Gotteskindschaft bewusst ist?

Man sagt, er betet Gott an. Aber selbstverständlich! Doch – was ist das für eine Anbetung? Die Anbetung Gottes bricht im Herzen des Menschen spontan auf, wenn er sich mitten in seinem Alltag – auch auf der neuen Erde wird es einen Alltag geben! – von Gott leidenschaftlich geliebt weiß. Weil der Mensch in der Ewigkeit diese Erfahrung andauernd macht, betet er Gott ohne Unterlass an. Er lebt kontemplativ! Aber halt! Man muss hierzu etwas präzisieren! Denn das bedeutet keineswegs, dass der Mensch in der Ewigkeit außer Gott anzubeten nichts täte. So ist es nicht. Richtig ist, dass der Mensch alles, was er tut, so menschlich dies auch sein mag, Gott anbetend tut. Nach dem Jüngsten Tag wird es so sein, dass der Mensch beim Erleben seiner Erlebnisse Gott im Grunde immer anbetet. Mit anderen Worten: Der Mensch wird sich stets seiner innigen Verbundenheit mit Gott bewusst sein. Und vor diesem Hintergrund wird er sein Leben führen.

Nun stellt sich die Frage: Wird der Mensch in der Ewigkeit arbeiten? Darüber hat die Kirche sich nicht amtlich geäußert. Wir sind aber „*neugierig*" und machen uns Gedanken darüber, wie es auf der neuen Erde sein wird. Am besten orientieren wir uns dabei, wie immer, an der einzigen „*Ouvertüre*", die uns zur Verfügung steht. Wir schauen nämlich auf den auferstandenen Christus. Wie erlebt Jesus die „*Zeit*" nach seiner Auferstehung? Hat er sich passiv verhalten, also nichts getan? Nein! Er hat wohl etwas getan, er ist zu den Seinen hingegangen, und zwar mehrmals, hat mit ihnen lange gesprochen[160], gegessen und getrunken[161], hat die Fundamente der Kirche gelegt …. Wenn es so ist, dann, denke ich, kann man wohl davon ausgehen, dass die Menschen nach der Auferstehung der Toten keine rein passive Existenz haben werden. Wie Christus nach der Auferstehung, so werden auch sie sich bewegen, Freunde aufsuchen, mit ihnen reden, essen, trinken, Gemeinsames gestalten, und, und, und.

Die Frage bleibt aber noch unbeantwortet, ob der Mensch nachdem er mit seinem Leib auferstanden ist, noch arbeiten wird. Auf dem Weg zur Beantwortung dieser Frage stoßen wir gleich auf eine Stelle der Genesis, in der wir davon un-

---

160 Vgl. Apg 1,3
161 Vgl. Joh 21,5-15; Lk 24,41-42

terrichtet werden, dass Gott dem Menschen noch *vor* der Erbsünde den Auftrag gegeben hat zu arbeiten.[162] Die Arbeit ist also keine Folge der Erbsünde, sie ist offensichtlich als ein Mitwirken bei der Fortentwicklung der Schöpfung vorgesehen. „*Der Schweiß des Angesichts*" bei der Arbeitsverrichtung, von dem die Genesis auch spricht, wurde dem Menschen als Begleiterscheinung der Arbeit erst *nach* der Erbsünde angekündigt.[163] Die Arbeit als Mitarbeit mit Gott bei der Entfaltung der Schöpfung zu einem immer angenehmeren Zuhause des Menschen auf Erden bleibt offenbar auch nach dem Jüngsten Tag erhalten. Diese Beobachtung lässt ahnen, dass es in der Schöpfung auch nach dem Jüngsten Tag eine Entwicklung auf ein noch Besseres hin geben wird. Man darf gespannt sein, was alles auf uns wartet!

Das Leben auf der neuen Erde wird eine Wonne sein. Wir werden erfüllt sein, übernatürlich wie auch rein menschlich. Wir werden uns als zu Gott zugehörig wissen, mit ihm vertraut sein, an seiner Gottheit Anteil haben, wir werden das Menschliche, das das Herz erfüllt, in Dankbarkeit gegenüber Gott erleben und genießen, wir werden in Freude und Erfüllung aufgehen, die anderen Menschen werden wir als unsere Schwestern und Brüder sehen, wir werden Freude am Menschen haben. Und wenn wir uns durch eine schöne, mühelose Arbeit am Fortschritt der neuen Welt beteiligen, dann wird uns eine unbeschreiblich große, menschliche Freude zuteil. Und das Bewusstsein, auf der neuen Erde zuhause angekommen zu sein, wird uns in einen Zustand der beglückenden Dankbarkeit gegenüber Gott versetzen, wie es schöner und erfüllender nicht sein kann.

---

162 Vgl. Gen 2,15
163 Vgl. Gen 3,17

CESAR MARTINEZ

Verborgene Schätze des Glaubens

144 Seiten, Pb., 6.95 €

Dr. Cesar Martinez zeigt in seinen Vorträgen und Glaubenskursen, welche Schätze unser Glaube sowohl birgt als auch hervorbringt. Viele meinen, etwas so Wertvolles wie einen „verborgenen Schatz" könne man nur in weiter Ferne unter großen Mühen finden. Dem Autor gelingt es, mit seinen lebendig verfassten Texten zu zeigen, dass der wahre Schatz aber mitten unter uns ist. Er führt uns hin zum „Schöpfergott" und all den verborgenen Schätzen, die er für uns bereitgelegt hat.

CHRISTIANA-VERLAG im FE-Medienverlag • Kisslegg